Titel auch als E-Book erhältlich

Vincent Stamer

Amerika zwischen den Küsten
Auf dem Rad quer durch die Gesellschaft der USA

Bibliografische Information der Deutschen Nationalbibliothek: Die
Deutsche Nationalbibliothek verzeichnet diese Publikation in der
Deutschen Nationalbibliografie; detaillierte bibliografische Daten
sind im Internet über dnb.dnb.de abrufbar.

Cover: Shirley Leung
Bild S. 40 oben: Anna Mouraleva

© 2018 Vincent Stamer
Herstellung und Verlag:
BoD – Books on Demand, Norderstedt

ISBN: 978-3-7528-0271-9

Für meine Familie,

*mit großem Dank an Lisi, Luis, Lukas, Patricia
und alle meine Gastgeber in den USA*

Streckenverlauf

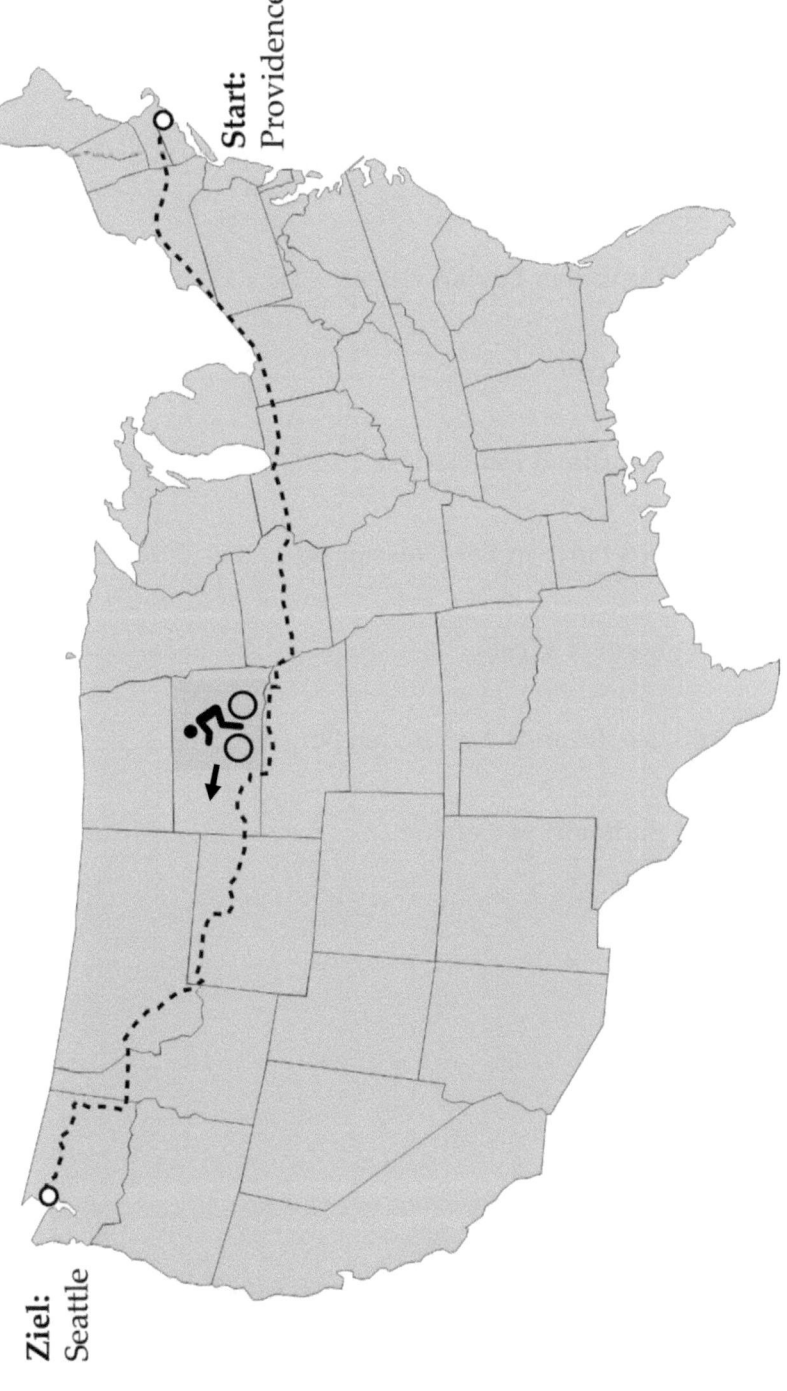

Start:
Providence

Ziel:
Seattle

Inhalt

Packliste

Das Wichtigste
- Fahrrad (*DB Haanjo Comp* 2015)
- 1-Personen-Zelt (*Easton Rimrock*)
- Schlafsack (12 °C Grenztemp.)
- Luftmatratze (*Klymit Static V2*)
- Vier Fahrradtaschen
- Drei Wasserflaschen
- Fahrradlicht
- Fahrradschloss
- Helm
- Sonnenbrille
- Brille

Ersatzteile und Werkzeug
- Zwei Schläuche
- Drei Speichen
- Kombiwerkzeug
- Luftpumpe
- Reifenheber
- Flickzeug
- Taschenmesser

Medikamente und Alltägliches
- Zahnbürste & Zahnpasta
- Biologisch abbaubare Seife
- Zehn Schmerztabletten
- Zehn Allergietabletten
- Zwei Durchfalltabletten
- Vaseline/ Reibungsschutzcreme
- Sonnencreme
- Kunststoff Besteck
- Ohrstöpsel
- Kamm
- Portemonnaie

Elektronik
- Handy
- Ladegerät
- Zusatzbatterie für Handy
- Solarzelle
- Ohrhörer
- Kamera
- Mp3-Player
- Stirnlampe

Kleidung
- Laufschuhe
- Ein Paar Socken
- Laufhose
- Fahrradhose
- Fahrradjersey
- Langärmliges Sportshirt
- T-Shirt
- Faltbare Regenjacke

Notfall
- Reisepass
- Erste-Hilfe-Paket
- Pfefferspray
- Trillerpfeife
- Kondom
- Fischölkapseln
- Wasserfilter
- Tabletten für Wasserauf-bereitung

Vor der Fahrt

Aufgewachsen bin ich in Ratzeburg, einer Kleinstadt bei Lübeck. Nach einiger Zeit auf dem örtlichen Gymnasium wachsen im elften Jahrgang meine Neugierde, mein Fernweh und eine tiefliegende Sehnsucht nach „mehr" so groß, dass ich mich bei den United World Colleges um einen Platz an einem der internationalen Internate bewerbe. Den Platz bekomme ich in Hongkong und dort ziehe ich mit 17 Jahren alleine hin. Ab jetzt begleitet mich Druck in der Schule und Wahnsinn im Alltag: Mit drei anderen Jungen teile ich mir ein etwa 40 qm. großes Zimmer. Um dem Campus zu entkommen, zieht es mich entweder auf den nächsten Berg oder ich erkunde die Distrikte in Hongkong zu Fuß. Ich empfand es immer als magisch, welche Welten sich eröffnen, wenn sie nicht am Zugfenster der U-Bahn vorbeirauschen.

Einige Jahre später studiere ich offiziell Volkswirtschaftslehre (*Economics*) an der Brown University in der US-Amerikanischen Stadt Providence. Weil man an einem amerikanischen College aber auch Kurse außerhalb seiner Fakultät belegen kann, besuche ich mindestens so viele Kurse in Biologie wie in Wirtschaft und würze die Mischung noch weiter mit Kursen in Informatik und Russisch. Die Fächer haben zwar nie zusammengepasst, mir aber immer viel Spaß gemacht. Umso klarer kristallisiert sich mein Berufswunsch: Nun möchte ich Karriere an der Wall Street machen. Dafür muss ein Sommerpraktikum in New York an einer namhaften Bank her.

Im Gegensatz zu Hongkong macht mir die Erkundung von New York an Sonntagen schon nach wenigen Wochen keinen Spaß mehr. Ich fühle mich eingesperrt von dem Praktikum, von dem Lärm und den sich wiederholenden Beton- und Glasbauten. Zum Glück ist mein Rennrad bei mir. Denn anstatt zum zehnten Mal Bus oder Bahn von Providence nach New York zu fahren bin ich vor dem Praktikum die Strecke in zweieinhalb Tagen mit dem Fahrrad gefahren. Daher kann ich mich am Sonntag auf den Sattel schwingen und am Hudson Fluss entlang dem Großstadtdschungel entkommen. Wohin würde mich mein Fahrrad führen, wenn ich immer weiter flussaufwärts fahre und nicht nach New York zurückkehre? Wie lange würde ich körperlich und mental durchhalten? Tage, Wochen, Monate?

Ich phantasiere von dem Land jenseits der dicht bevölkerten Küsten, von weiten Prärien, den Großen Seen, hohen Bergketten, berühmten Nationalparks und den Menschen, die diese Landstriche bewohnen. Wie leben und denken wohl die Leute in Indiana, Iowa oder Idaho? Bereits im Nordosten der USA, ja alleine in Providence, bin ich vielen unterschiedlichsten Menschen begegnet, die in keine Schublade passen. Und eine Fahrradtour durch das unbekannte Land zwischen den Küsten soll eben meinem Mosaikbild der USA noch viele verschiedene Farben und Facetten hinzufügen. Für mich steht am Ende des Sommers in New York fest: Wenn ich nach dem Abschluss an der Uni genügend Zeit habe, fahre ich mit dem Fahrrad durch die USA.

Im letzten Jahr an der Uni muss ich also nur noch herausfinden, wie ich diesen Traum verwirklichen kann. Einige meiner besten Freunde haben sicher die Fitness, um mit mir fahren zu können. Allerdings wollen diese ihre letzten freien Monate zwischen Abschluss und dem Ernst des Lebens entspannter verbringen als schwitzend auf einem schmalen Sattel. Um für Etappen gemeinsam zu fahren, sind die logistischen Hindernisse zu groß und die Anschaffungskosten für Fahrrad und Material zu hoch. Auch hätten Begleiter für das Training bereit sein müssen. Seitdem Mitte November feststeht, dass ich die kommenden Sommermonate frei haben werde und erst danach anfange zu arbeiten, trainiere ich etwa viermal in der Woche Kraft und Ausdauer. Sechs Monate später verbuche ich pro Woche etwa 120 km auf dem stationären Fahrrad und insgesamt zehn Stunden im Sportstudio und teste an Wochenenden Material und Muskeln bei zweitägigen Probefahrten. Dann wird es ernst.

Woche 1

Deutscher Pavian
(921 Kilometer)

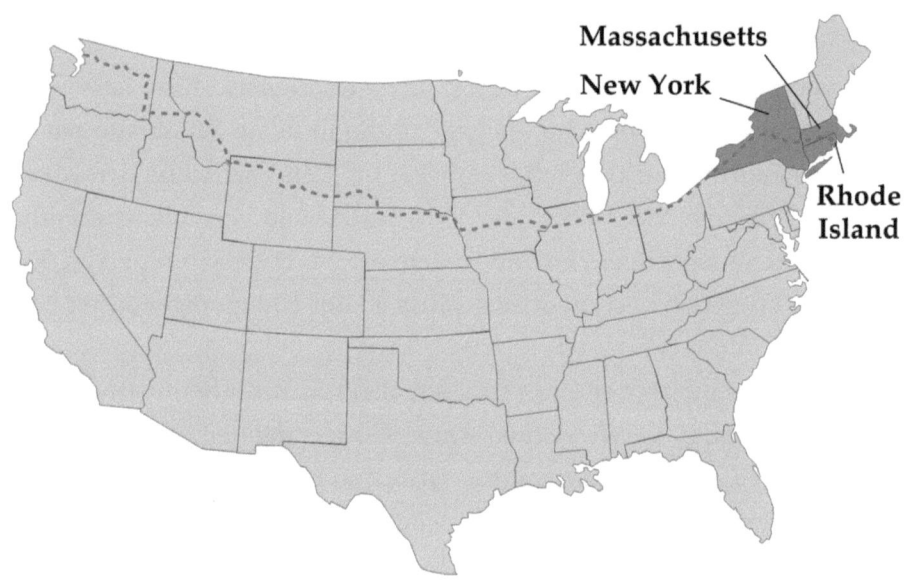

Tag 1 - Providence, Rhode Island (0 km.)

„Zwei Vollkorn-Bagel, bitte. Beide getoastet, einen mit Knoblauch-Kräuter-Frischkäse und den anderen mit getrockneten-Tomaten-Frischkäse. Dazu ein großer Kaffee, dunkle Röstung, mit einem Schuss Milch. Alles zum Mitnehmen, bitte!" Die selbe Bestellung habe ich bei *Bagel Gourmet* schon oft aufgegeben und sicherlich kennen die drei mexikanischen Frauen hinter dem Tresen sie eigentlich auch schon auswendig. Vier Jahre lang habe ich an der Brown University in der US-Amerikanischen Stadt Providence studiert. Und weil ich im zweiten Jahr direkt gegenüber von dem kleinen Imbiss gewohnt habe, habe ich mir morgens vor der ersten Vorlesung hier oft den für mich überlebens-wichtigen Kaffee geholt. Auch mit meiner Freundin, Anya, bin ich am Wochenende häufig hierhergekommen. Heute aber bin ich allein.

Alles ist heute anders - trotz der Routine bei der Bagel-Bestellung. Die letzten Prüfungen im Frühlingssemester liegen bereits drei Wochen zurück und Anya besucht ihre Familie in Philadelphia. Als mir eine der mexikanischen Frauen lächelnd die verpackten Bagels reicht, gehe ich zu keiner Vorlesung, sondern fahre zum India Point Park. Am Rande der Innenstadt gelegen überblickt der kleine Park die weite Bucht, die zum großen Atlantik führt. Das Wasser glitzert ruhig in der aufsteigenden Morgensonne und das Gras im Park bewegt sich in den Meeresbrisen sanft vor und zurück. Es ist eine besänftigende Kulisse für den Start einer Fahrradtour, die mich von der Ostküste der Vereinigten Staaten über Chicago und die Rocky Mountains bis nach Seattle an der Westküste führen soll. Heute geht es los.

Obwohl ich hungrig das Frühstück aus der Tasche hole, breitet sich ein flaues Gefühl in meinem Bauch aus. Für den 4. August habe ich den Flug von Seattle zurück zur Ostküste gebucht. Kurz danach fliege ich weiter nach Deutschland, denn Ende August beginnt in Hamburg mein erster Job. Heute ist der 7. Juni. In 58 Tagen muss ich also die Strecke von etwa 5.700 Kilometern nach Seattle überbrücken – ansonsten verpasse ich meine Flüge. Schätze ich meine Geschwindigkeit richtig ein? Genügen die drei Tage eingeplanter Puffer? Was passiert, wenn ich ernsthaft krank werde, einen schweren Unfall habe oder wichtige Teile am Fahrrad kaputtgehen?

Vor den Gefahren habe ich zwar keine akute Angst, nervös bin ich schon. Die Strecke führt mich in den Rocky Mountains durch das Habitat von Bären und Berglöwen, von Wölfen und Schlangen. Den Bundesstaat Iowa durchquere ich während der Tornadosaison. Auch einem Überfall durch Menschen könnte ich als einzelner Fahrradfahrer wenig entgegensetzen. Meine besorgte Familie in Deutschland erinnert mich gerne an die hohe Waffengewalt in den USA und meine Großmütter befürchten sowieso das Schlimmste. Auch Anya hat mich immer wieder gebeten, vorsichtig zu sein. Etwas optimistischer sind meine amerikanischen Freunde aus der Uni. Owen sagte mir vor Kurzem: „Ich glaube, dass du es bis an die Westküste schaffen kannst. Allerdings wird es viel schmerzhafter werden als du es dir vorstellst. *You're gonna be miserable!"* Mit diesen Gedanken schlucke ich den letzten Rest des Bagels herunter, packe meinen Mut zusammen und kehre der Atlantikküste den Rücken zu.

Zunächst führt die Route ins Unbekannte quer durch die Stadt, die ich so gut kenne. Die farbig angestrichenen Holzfassaden der Häuser, die typisch für die Region Neuengland sind, scheinen wie alte Freunde für den Abschied Spalier zu stehen. Ein letztes Mal fahre ich durch den Stadtteil College Hill und den Campus der Brown University. Erst vor wenigen Wochen wuselten hier noch siebentausend Studenten zwischen den historischen Gebäuden aus der Kolonialzeit herum. Auch ich habe hier erst vor wenigen Wochen noch mit großen Augen hilflos auf die Aufgabenblätter der Klausuren gestarrt. Und dennoch wirkt der Campus auf mich nun etwas fremd. Einerseits tauchen nur hin und wieder einsame Studenten zwischen den Gebäuden auf, andererseits bin ich offiziell nun *„graduated"* – ein Absolvent und gehöre damit nicht mehr dazu.

Sobald ich die ehrwürdigen Gebäude hinter mir lasse, träume ich bereits von weiten Prärien und hohen Bergen. Ich kann vor dem inneren Auge schon sehen, wie ich gegen Stürme und Berglöwen kämpfe und als Held in Seattle gefeiert werde. Die Realität holt mich im nächsten Gedanken wieder ein. „Habe ich etwa meine Unterhose vergessen?", frage ich mich. Unter der Fahrradhose trägt man keine Unterwäsche. Und wie bei einer Tagestour habe ich heute Morgen nach dem Umziehen nicht daran gedacht, die Unterhose einzupacken. Ich hoffe, dass sich die gute Freundin, bei der ich übernachtet habe, nicht allzu sehr an meiner Unterhose auf ihrem Sofa stört. Denn um zurückzufahren ist es jetzt zu spät und in den nächsten Wochen stellt sich heraus, dass ich auch ohne Unterwäsche fantastisch leben kann. Tatsächlich habe ich äußerst leicht gepackt: Alle meine Habseligkeiten passen in vier Taschen, die an meinem Lenker, auf dem Vorbau, an meinem Rahmen und hinter meinem Sattel angebracht sind. Somit komme ich sogar ohne Gepäckträger und typische Gepäcktaschen an den Seiten aus.

In den bunten Vororten von Providence drängen sich auf der rechten Seite der Straße nebeneinander ein puerto-ricanisches Gemeindezentrum, Dr. Petrovskis Zahnarztklinik, eine kleine christliche Kapelle und ein pakistanisches Restaurant. Auf der anderen Seite schreien auf einem Spielplatz ein Dutzend Kinder auf Spanisch und Englisch. Das hätte sich wohl Roger Williams in seinen kühnsten Träumen kaum vorstellen können. Dem Theologen Williams drohte in der Massachusetts Bay Colony des 17. Jahrhunderts – Vorläufer des gleichnamigen Bundesstaates – unter anderem für seine Kritik an der Kirche die Verhaftung. Entgegen des Mythos von amerikanischen Kolonien, die ein pluralistischer Hafen für religiös verfolgte Europäer gewesen seien sollen, war Massachusetts strikt puritanisch. Andersgläubige wurden angeglichen oder ausgeschlossen. Williams kam diesem Schicksal zuvor und ruderte im Frühling 1636 einfach mit einem Dutzend Anhänger auf die andere Seite des Seekonk Flusses jenseits des Gebietes von Massachusetts. Dort gründete Williams schließlich eine neue Kolonie – *Rhode Island and Providence Plantations*. Rhode Island wurde als

Gegengewicht zu restriktiveren Kolonien zum ersten Bundesstaat mit Religionsfreiheit und führte als erstes die Trennung von Staat und Kirche ein. Heute zeichnet Providence eine besonders bunte Mischung aus Menschen mit Wurzeln in Italien, Irland, Puerto Rico, Kolumbien und Portugal aus. Auch das hat mir geholfen, mich in Rhode Island einzuleben.

Wohl fühlen kann ich mich auch in der schönen Landschaft Neuenglands. Die Landschaft in Rhode Island gleicht sogar meiner Heimat in Schleswig-Holstein. Viele assoziieren mit Schleswig-Holstein die Küstenregionen und flache Rapsfelder dazwischen. Ich stamme aber aus dem schönen Ratzeburg im Süden des Bundeslandes. Und wie in der Landschaft der Lauenburgischen Seen um Ratzeburg verstecken sich auch in Rhode Island und Massachusetts unzählige kleine Seen in dem Netz aus dichten Laubwäldern. Am Straßenrand spenden hohe Eichen kühlen Schatten in der Mittagssonne, Elstern und Schwalben zwitschern im Hintergrund und graue Eichhörnchen flitzen vor mir über die Straße. Bis zum Abend fahre ich durch Wälder bis sich die Landschaft von der schönsten Seite zeigt.

Als ich das 100-Quadratkilometer große Quabbin Reservoir erreiche, das einen großen Teil Massachusetts mit Trinkwasser versorgt, funkelt die orangene Sonne bereits über der schimmernden Wasseroberfläche. Dichter Laubwald umringt das Wasser als wolle er den See beschützen. Dieser friedliche Anblick bietet einen gewaltigen Kontrast zu den Städten Providence und Boston. Nach einem Tag Fahrt wirkt der Ballungsraum bereits weit entfernt. Die untergehende Sonne bedeutet auch, dass ich nun einen Platz zum Zelten finden muss. Aber wo?

Das Zelten um den See herum ist zum Schutz der Trinkwasserqualität streng verboten. In Belchertown, einem Dorf in der Nähe, frage ich verschiedene Anwohner nach einer Möglichkeit zum Zelten – seien es auch nur zwei Quadratmeter im Vorgarten –, bekomme aber nur Kopfschütteln als Antwort. Eine Dame, die von ihrem Auto über den Vorgarten zu ihrem Haus geht, dreht sich nicht einmal richtig um und zuckt nur mit den Schultern. Wieder und wieder versuche ich es – ohne Erfolg. Enttäuscht gelange ich an das Ende von Belchertown. Und nun? Die nächstgrößere Stadt ist zu weit entfernt. Selbst ein öffentlich zugängliches Waldstück kann ich nicht finden. Das Gebiet zwischen Belchertown und dem Quabbin Reservoir scheint gänzlich in privatem Besitz zu sein und Eigentümer schützen ihr Grundstück konsequent mit Zäunen. Obwohl die Seenlandschaft in Massachusetts meiner Heimat ähnelt, gelten hier andere Gesetze.

Als ich mich gerade auf den Weg zurück zum Quabbin Reservoir mache, fällt mir eine große Auffahrt auf, die von der Landstraße abgeht. Etwa dreißig Meter abseits der Straße steht ein größeres Haus und dahinter erstreckt sich ein weitläufiger Schrottplatz am Waldesrand. Die Einfahrt ist nicht abgezäunt und die Hügel aus Metallschrott liegen im Dunkeln. Jenseits der Schrotthügel am Waldesrand würde man mich sicher nicht entdecken. Kurzerhand biege ich von der Straße ab. Ich fahre schnell die Auffahrt entlang und fixiere mit meinen Augen die Fenster des Hauses. Ich registriere keine Bewegung hinter den Scheiben und komme unbemerkt auf den Schrottplatz. Zehn Meter tief in den Wald hinein schiebe ich mein Fahrrad und schlage hier das Zelt auf. Trotzdem ist mir dieser Zeltplatz nicht geheuer. Schließlich befinde ich mich ohne Erlaubnis auf privatem Gelände. Jetzt wünsche ich mir insgeheim schon, nicht alleine zu reisen.

Auf mich alleine gestellt wird gleich die erste Übernachtung zu einem Abenteuer. Werde ich unentdeckt bleiben?

Tag 2 - Belchertown, Massachusetts (118 km.)

Ich breche früh auf, als Belchertown noch schläft. Dichter Nebel wabert zwischen Autokarossen und Metallhügeln. Und obwohl bereits Licht aus der Richtung des Hauses durch den Nebel schimmert, kann ich eine Begegnung mit dem Schrottplatzbesitzer vermeiden. Umso dringender muss ich den Tag und vor allem die Nacht besser im Voraus zu planen. Dafür stoppe ich in der Kleinstadt Northampton. In einem Café wärme ich mich mit einem großen Kaffee auf und weiß bereits nach einem Tag auf der Straße das gemütliche Ambiente des Cafés zu schätzen. Aufwachend recherchiere ich meine exakte Route. Weil ich früh gestartet bin, könnte ich heute auch eine längere Strecke radeln als gestern. Denn um in 55 Tagen in Seattle zu sein, muss ich an sechs Tagen der Woche etwa 125 Kilometer abreißen. Lieber bin ich aber auf der sicheren Seite und plane Tagesstrecken über dem Minimalziel von 125 Kilometern ein. Dementsprechend verlockt die 160 Kilometer entfernte Stadt Albany im Bundesstaat New York als Etappenziel. Nach der enttäuschenden Nacht steigt meine Motivation wieder. Aber die 160 Kilometer werden schmerzhaft.

Den Westen von Massachusetts bestimmen nämlich die Berkshire Mountains und direkt hinter der Staatsgrenze zu New York lauern bereits die Taconic Mountains. Beide Höhenzüge bilden Teile der Appalachen und sind mit bis zu 1.170 Meter hohen Bergen nicht zu unterschätzen. Insgesamt erwarten mich drei Anstiege, bei denen ich jeweils etwa 400 Höhenmeter bezwingen muss. (Zum Vergleicht liegt die Turmkugel des Berliner Fernsehturms auf knapp über 200 Metern.) Die Appalachen bedeuten eine erste Kraftprobe. An einer Stelle steigt die Straße acht Kilometer lang unaufhörlich bergauf. Der hellgraue Asphalt der Straße verläuft schnurgerade wie ein Band den dunkelgrünen Berg hinauf. Fast herausfordernd baut sich die Härteprüfung so vor mir auf. Hier setzt sich jedes Kilogramm der Ausrüstung in Milchsäure um und sticht in die schmerzenden Beinmuskeln. Gleich am zweiten Tag arbeiten die brennenden Muskeln an der Belastungsgrenze. Kann ich diese Belastung wochenlang aushalten? Für den Moment versuche ich die Zweifel zu unterdrücken.

Dabei ist meine Ausrüstung sehr leicht. Das Fahrrad wiegt kaum zehn Kilogramm. Bewusst habe ich mich für ein Hybrid-Fahrrad entschieden. Dessen Aluminiumrahmen ist ähnlich leicht und in ähnlichen Winkeln gebogen wie der eines Rennrades. Durch größere Bauteile ist das Fahrrad aber vergleichbar stabil wie ein Trekking-Fahrrad. Außerdem sitzt man etwas aufrechter auf diesem Hybrid-Fahrrad als auf einem Rennrad. Daher krümmt sich der Rücken nicht dauerhaft zu einer Quasimodo-Haltung. Auch jedes Ausrüstungsstück habe ich im Internet genau studiert und aufgeregt meinen genervten WG-Mitbewohnern gezeigt, bevor ich auf „Kaufen" geklickt habe. Aber das Ergebnis kann sich sehen und wiegen lassen: Die Taschen schlagen mit Zelt, Luftmatratze, Schlafsack, Ersatzteilen, Werkzeug, Hygieneartikeln, Kleidung, Solarzelle, Elektronikgeräten und Snacks nur mit 12 Kilogramm zu Buche. Das ist eine absolut minimalistische Ausrüstung und mein ganzer Stolz. Und dennoch werden die Beine auf den Bergen immer schwerer. Spätestens jetzt wird mir klar, dass die Fahrradtour sportliche Knochenarbeit wird – und zwar bis zu zehn Stunden am Tag. Genauso heute.

Erst um sechs Uhr abends erreiche ich die Grenze zu New York und überquere die Taconic Mountains. Vor mir erstreckt sich nun das schöne Tal des Hudson Flusses, der mehr als 500 Kilometer durch den *Empire State* Bundesstaat fließt. Hier wäre ich also irgendwann vorbei-gekommen, wenn ich bei meinen Tagesausflügen aus New York City hinaus nicht umgedreht wäre. Tiefliegende Wolken tauchen die Landschaft in sanfte, grüne und blaue Pastelltöne. Diese Region verbindet man selten mit New York. Selbstverständlich dringen zunächst Bilder vom Menschengewirr zwischen den Häuserschluchten von New York City vor das innere Auge. Man assoziiert mit der Metropole die atemberaubende Skyline und wirtschaftlichen Erfolg, aber auch Exzesse der Finanzindustrie und Stress. Der eine empfindet New York City als einzigartiges Zentrum der Zivilisation, der andere meidet die Stadt. Genauso liegen Meinungen über die gesamten USA unvereinbar auseinander. Im 20. Jahrhundert konnten Europäer noch das Fehlen einer Sozialversicherung bemängeln, aber gleichzeitig den „Fünf-Dollar-Tag" bei Ford gut finden, berichten die Historiker Lüdtke, Marßolek und von Saldern in ihrem Buch *Amerikanisierung*. Heute polarisieren die USA die Europäer. Das Beispiel von New York aber illustriert ein Problem dieses

Trends: New York ist eben nicht nur New York City, sondern auch ein gewaltiger Bundesstaat, der so groß ist wie 40% der Fläche Deutschlands. Ländliche Gegenden des Hudson Tals vor mir, eine schwindende Schwerindustrie im Nordwesten und endlose Wälder im Nordosten prägen den Bundesstaat genauso wie die Metropole an dessen südöstlichem Zipfel. Kann eine strikt positive oder negative Meinung über New York oder gar dem gesamten Land der Realität gerecht werden? Wohl kaum.

Aufziehende schwarze Gewitterwolken trüben mittlerweile die schöne Aussicht über das Hudson Tal und meine Laune. Heftige Regenfälle erwischen mich immer wieder. Als ich drei Stunden später in einem billigen Hotel einchecke, bin ich nicht nur klatschnass, ausgekühlt und erschöpft bis ins Mark, sondern habe auch große Schmerzen am Gesäß. Bereits bei den ersten Anstiegen in den Taconic Mountains hatte ich ein unangenehmes Jucken gespürt, das sich in den letzten Stunden im Regen zu einem Brennen entwickelt hat. Der Blick in den Spiegel bestätigt meine Selbstdiagnose: Pavian-Hintern. Die Nässe und der rutschige Sitz der Fahrradhose fordern ihren Tribut. Nach nur zwei Tagen Fahrt ist die Haut an meinem Gesäß, die mit dem Sattel in Kontakt kommt, gereizt und wund. Owen behält also Recht: Die Fahrradtour wird schmerzhafter als ich sie mir vorgestellt habe. Dass ich aber nach nur 270 Kilometern so große Probleme bekomme, beunruhigt mich ungemein. „Scheiße, scheiße, scheiße," murmele ich in Trance vor mich hin, als ich das Gesicht unter den Händen vergraben auf dem Bett liege. Wenn die Wunden sich in den nächsten Tagen verschlimmern, ist die Fahrradtour zu Ende, bevor sie überhaupt richtig angefangen hat.

Tag 3 - Albany, New York (277 km.)

Am nächsten Morgen macht mir mein Gesäß weiterhin große Sorgen. Dass ich nun häufig die betroffenen Stellen desinfizieren und Wundcreme auftragen muss, ist klar. Wie kann ich aber neue Abreibungen vermeiden? Kurzerhand stoppe ich bei einem Sportladen und kaufe eine hochwertigere Fahrradhose mit Hosenträgern und dazu Antireibung-screme. Die neue Hose schlägt mit 150 US-Dollar schwer zu Buche. Aber die Investition lohnt sich: Die Hose sitzt wie angegossen und rutscht keinen Millimeter. Und nach sieben Monaten Training und zweitausend US-Dollar, die ich für Fahrrad und Ausrüstung ausgegeben habe, soll die Tour nicht an einem wunden Hintern scheitern. Auch bei der Reibungsschutzcreme bin ich neugierig. „Großzügig anwenden" steht auf der Tube. Ich folge der Aufforderung. Als ich mich erstmals wieder auf den Sattel setze, beruhigt die Creme die geschürften Stellen so überraschend gut, dass mir unwillkürlich ein herzhaftes Stöhnen herausrutscht. Ich kann fühlen wie meine Sorgen etwas abfallen, als ich aus der Stadt Schenectady herausrolle.

Jenseits der Stadt führt die Route mich flussaufwärts am Mohawk River entlang, immer tiefer in den Bundesstaat New York hinein und immer weiter von den Städten weg. Die Gegend wird ländlicher und ich kann auf den Seitenstreifen der breiten und unbefahrenen Landstraßen kräftig in die Pedale treten. Am Rande der Landstraße stehen vereinzelt Scheunen aus Holzbohlen, die als Set für einen kitschigen Film dienen könnten: Die länglichen Dächer sind rundlich geformt und die rot angestrichenen Holzbohlen der Wände heben sich von den sattgrünen Wiesen ab. Natürlich sehen auch viele Häuser an der Landstraße anders aus, manche sind gar aus Stein.

An einer Stelle weicht die Landstraße etwas von dem Mohawk Fluss ab und führt prompt auf ein angrenzendes Plateau. An einer Stelle kann man das weite Flusstal überblicken, das sich verlassen in weichen Farben unter grauen Wolken erstreckt. Passend zu dem trüben Wetter steht etwas abseits der Straße eine alte Scheune, die ihre besten Tage bereits hinter sich hat. Der typisch rote Anstrich ist an den meisten Stellen einem grau gewichen oder einfach abgeblättert. Einige Holzplanken fehlen komplett. Eifrig diesen Kontrast zu der glitzernden Weltmetropole im Süden des Bundesstaates festzuhalten, hole ich meine Kamera heraus, betrete die Auffahrt, gehe dann ein paar Meter auf das Feld und schieße einige Fotos.

Dann merke ich, dass sich hinter der Scheune etwas bewegt. Direkt an der Hinterseite der Scheune scheint ein Zaun einen kleinen Flecken von etwa zwanzig Quadratmetern zu begrenzen. Zwei Rinder strecken ihre Köpfe über den Zaun und beobachten mich. Gleichzeitig fährt ein Auto auf der einsamen Straße an meiner Position vorbei. Als ich mich umdrehe, sehe ich wie der Beifahrer, ein junger Mann mit kahlgeschorenem Haupt, seinen Kopf zu mir umdreht und mich mit seinen Augen fixiert. Ich kann fühlen, wie ich beobachtet werde. Lieber fahre ich weiter.

Ein bis zwei Kilometer bringe ich hinter mich. Dann taucht wie aus dem Nichts ein schwarzer Pick-up Wagen hinter mir auf. Mit einem voluminösen Dröhnen des Motors donnert der Wagen nah an mir vorbei. Er überholt mich, bremst dann rapide ab und stoppt etwa zwanzig Meter vor mir. Ich halte zuerst mein Fahrrad an, dann die Luft. Ein kräftiger Mann in schmutziger Arbeitskleidung reißt die Fahrertür auf und springt aus dem Auto. Er läuft in großen Schritten auf mich zu und schreit aus voller Lunge:

„Was zur Hölle hast du in meiner Farm gemacht?"

Ich bin wie versteinert. Mein Herz schlägt gegen meinen Brustkorb.

„Ich war nicht in Ihrer Farm", stammele ich.

„Was hast du in meiner Scheune geklaut? Mein Nachbar hat dich gesehen!"

„Ich bin nur ein Fahrradfahrer, ich hab nur ein paar Bilder gemacht."

„Bist du also ein verdammter Tierschützer oder so etwas?"

Dann rutscht mir das Herz noch tiefer in die Hose.

„Ich hab die Schnauze voll", schreit der Farmer wutentbrannt und greift in seine Tasche.

„Scheiße, nach drei Tagen Fahrradfahrt werde ich abgeknallt", rasen meine Gedanken. Wie paralysiert starre ich die Hand des Mannes an. Ich bin viel zu perplex, um eventuell nach meinem Pfefferspray oder dem Taschenmesser zu greifen. Dass ich dem Farmer lediglich mit leeren Händen gegenüberstehe, ist wohl mein Glück: Der Mann holt nur sein Handy aus der Tasche.

„Ich habe die Schnauze voll. Ich rufe die Polizei!" Große Erleichterung entspannt die Muskeln in meinem Gesicht. Meinetwegen kann die Polizei, das FBI, die CIA, Navy, Air Force und die Army kommen, ich habe nichts getan. Selbst das Betreten der Auffahrt kann ja in den USA wohl kaum mit dem Tod bestraft werden. Im schlimmsten Fall muss ich für eine Stunde mit auf das Revier kommen oder meine Fotos löschen. Beides ist weniger gravierend als Schussverletzungen.

Der Mann versucht sichtlich nervös die Nummer der Polizei anzurufen. Fast lächelnd bekräftigte ich den Mann darin und wiederhole immer wieder, dass ich nichts zu verbergen habe. Erstaunlicherweise kann der aufgeregte Mann aber niemanden erreichen. Um die Wogen zu glätten und ihn abzulenken biete ich ihm an, meine Bilder auf der Kamera und meinen Reisepass zu sehen. Ich zeige ihm die Aufnahmen von der Landschaft und seinem Haus. Glücklicherweise sind auf der Speicherkarte auch Bilder von anderen Farmen und anderen Landschaften.

„Noch weiter nach rechts!", befiehlt er. Der Mann will noch mehr Bilder sehen. Als er nun Fotos des Quabbin Reservoirs in Massachusetts begutachtet, beruhigte sich der Mann endlich.

„Du bist wirklich nur ein Fahrradfahrer?"

Das bestätige ich. Anscheinend muss ich wohl jetzt doch nicht mehr um mein Leben fürchten.

Daraufhin erklärt der Mann mir, dass ihn ein Nachbar angerufen habe. Dieser habe ihm berichtet, dass er beim Vorbeifahren an der alten Scheune jemanden hat einbrechen sehen. Nachdem ich noch ein bisschen von mir erzähle, strecke ich ihm letztendlich die Hand aus.

„Ich bin übrigens Vincent", sage ich.

„Ich bin Joe. *Nice to meet you.*" Die Floskel „Nice to meet you" rutscht Joe wohl reflexartig raus. Als ich schmunzelnd „Nice to meet you, too" antworte, fällt auch bei dem Landwirt die letzte Spannung ab. Das Eis ist gebrochen. Joe erklärt, dass er einfach besorgt um seine Kälber im Stall gewesen sei und daher wohl überreagiert habe. Er beteuert, dass nicht alle

Leute in den USA so hitzköpfig seien wie er. In einem Moment schreit der Mann mich noch an, im nächsten Moment lädt er mich zum Abendessen in sein eigentliches Haus ein. Das Abendessen lehne ich aber dankend ab, denn ich habe immer noch drei bis vier Stunden Fahrradfahrt vor mir. Joes Rat, den er mir schlussendlich auf den Weg gibt, nehme ich mir allerdings zu Herzen: Ich solle nächstes Mal vorsichtiger sein, ein Grundstück zu betreten. Die meisten Farmer hätten nämlich im Gegensatz zu ihm entweder Schusswaffen oder Hunde dabei. Gut, dass ich diese Erfahrung im Osten gemacht habe.

Obwohl Joe und ich uns freundlich verabschieden, fühlen sich meine Knie immer noch weich an und mein Herz schlägt immer noch schnell. Wieder und wieder muss ich über die Situation nachdenken. Bestätigt Joes Aggressivität und Impulsivität Vorurteile gegenüber Amerikanern?

Seit Tagen berichten alle lokalen und nationalen Medien über den Ausbruch von zwei wegen Mordes verurteilten Häftlingen aus einem Hochsicherheitsgefängnis im Norden von New York State. Vielleicht ist das Betreten eines Grundstückes in der amerikanischen Gesellschaft außerdem ein größeres Vergehen als in Deutschland. Das wäre zumindest anzunehmen, denn es sind ja auch alle noch so abgelegenen Felder und Wälder eingezäunt. Und letztendlich haben Joes Hände vor Nervosität stärker gezittert als seine Lungen geschrien haben. Vielleicht entspringt die Aggressivität also gar nicht seinem eigentlichen Naturell?

Tag 4 - Herkimer, New York (405 km.)

Meine Beine fühlen sich so schwer an wie Blei und so starr wie Beton. Als ich aufwache sind die schmerzenden Muskelfasern im Oberschenkel das Erste, das in mein Bewusstsein dringt. Erst nachdem ich mich fünfzehn Minuten dehne und dreißig Minuten langsam auf dem Fahrrad durch den kalten Nieselregen fahre, wärmen sich meine Muskeln auf und beginnen, sich rund zu bewegen. Zu allem Übel bohrt sich auf der vielbefahrenen Hauptstraße ein rostiger Nagel in den Hinterreifen. Bereits in den ersten Tagen wird die Fahrt ein mechanischer und psychologischer

Kraftakt.

Glücklicherweise belohnt mich die Route entlang des Mohawk Rivers mit vielen schönen Aussichten. Der Mohawk River trennt nämlich die zwei großen Bergketten im Bundesstaat New York, die Catskills und Adirondacks, voneinander. Außerdem verbindet das System aus Mohawk Fluss, Erie Kanal und Hudson Fluss die großen Seen im Landesinneren mit dem Atlantik. Damit erlangte die Gegend in den vergangenen Jahrhunderten militärisch und ökonomisch enorme Bedeutung. Tafeln und Denkmäler informieren über vergangene Schlachten, die hier im Siebenjährigen Krieg (die Kolonien von Großbritannien und Frankreich bekämpften sich ab 1756 stellvertretend für die Großmächte) und im Unabhängigkeitskrieg stattfanden. Historische Wassermühlen und Lagerhäuser zeugen von einem regen Handel, durch den zunächst landwirtschaftlichen Erzeugnisse und Felle aus dem Westen und später industrielle Produkte aus Gebieten um die Großen Seen hier über den Wasserweg zur Ostküste gelangten. Den Städten am Erie-Kanal wie Utica, Syracuse und Buffalo half das zu dramatischem Wachstum.

In Syracuse beispielsweise, dem Ende der heutigen Etappe, symbolisiert das gotische Prachtgebäude der Syracuse Savings Bank den einstigen Wohlstand der Stadt. Direkt am Fuße eben dieses Gebäudes, mitten in der Innenstadt, verlief der Erie Kanal zwischen den Häusern hindurch. Seit langem aber fließt kein Wasser mehr durch die ehemalige kommerzielle Ader der Stadt. Der alte Kanal musste dem Erie Boulevard aus Asphalt weichen. Nur der längliche Brunnen auf dem Clinton Platz erinnert noch daran, dass der Kanal hier mitten durch die Stadt floss.

In Syracuse tröstet mich ein sehr preiswertes Hotelzimmer darüber hinweg, dass es im Umkreis von zwanzig Kilometern keinen Zeltplatz gibt. Dafür ist die Stadtregion einfach zu groß und das Umland zu dicht besiedelt. Über die zuverlässige Internetverbindung im Hotel freue ich mich besonders. Denn ein schneller Internetzugang hilft mir, noch einfacher mit meiner Familie und meinen Freunden in Kontakt zu bleiben.

Mit Anya und meinen Eltern schreibe ich mir eigentlich SMS oder WhatsApp-Nachrichten. Das WLAN im Hotel bietet mir aber so schnellen Internetzugang, dass ich auch Skype auf dem Handy benutzen kann, um kostengünstig bei meiner Familie in Deutschland anzurufen. So hören meine Eltern und Großmütter, dass es mir wirklich gut geht. Allerdings filtere ich bei den Telefonaten sehr bewusst, was ich sage. Als ich am nächsten Morgen meine Mutter anrufe, – durch die Zeitverschiebung geht das nur, bevor ich morgens aufbreche – erzähle ich ihr beispielsweise davon, dass die Wunden am Hintern nicht mehr größer werden. Ich berichte ihr auch gerne, dass das schlechte Wetter zwar meine Laune trübt ich daher nachts aber immer sicher in einem Hotel übernachte. Beide Nachrichten freuen meine Mutter sehr. Die Begegnung mit dem wütenden Farmer verschweige ich aber.

Tag 5 - Syracuse, New York (531 km.)

Auf dem acht Zentimeter langen Vorbau, der den Lenker mit dem Rahmen verbindet, findet eine kleine Tasche für meine Elektronikgeräte Platz. Die Tasche befindet sich genau am unteren Rand meines Blickfeldes und besitzt praktischerweise ein kleines Plastikfenster. Hinter diesem Fenster lagert nun auch eine Supermarktrechnung, auf deren Rückseite ich ein paar Zahlen und Linien gekritzelt habe. Mittlerweile genügen mir diese Kritzeleien für die Navigation. Denn hinter den Zahlen auf dem Zettel verbergen sich die Nummern von Highways, wie etwa des Highway 20, dem ich ab dem späten Vormittag folge. Der Highway, offiziell „U.S. Route 20", führt nicht nur durch die Städte Buffalo und Erie, zwei meiner Etappenziele, sondern verbindet Boston am Atlantik mit der weit entfernten Pazifikküste im Bundesstaat Oregon. Theoretisch könnte ich also die Navigation darauf beschränken, durch den Stand der Sonne die nach Westen führende Fahrbahn der US 20 zu bestimmen.

Umso mehr Aufmerksamkeit kann ich der schönen Landschaft um die Finger Lakes schenken. Bei einer Eiszeit vor etwa zwei Millionen Jahren hat ein Gletscher hier bestehende Flusstäler vertieft, sodass elf lange aber schmale Seen entstanden. Diese Seen, die etwa nord-südlich ausgerichtet sind, sehen auf einer Karte mit etwas Phantasie eben aus wie die Finger von zwei Händen. Daher rührt der Name „Finger Lakes". Bei einer zweiten Mittagspause genieße ich an der nördlichen Stirnseite des Seneca Lakes die Aussicht über den spiegelglatten See. Das hellblaue, klare Wasser des Sees hebt sich deutlich von den tiefgrünen Kronen der Buchen und Ahornbäume am Ufer ab. Der See strahlt eine alles einnehmende Ruhe aus. Als wolle sie diese unantastbare Ruhe bewahren, gleitet eine historische Passagierbarkasse sanft über den See. Die Unterseite des Bootes strahlt dank eines weißen Anstrichs und die dunkle Vertäfelung des Decks und des Kabinenaufbaus wirkt sehr edel. Das sonnige Wetter, die einfache Navigation und die schöne Aussicht über die Seen ergänzen sich. So macht das Radeln Freude!

Die Route führt weiter durch Moore und friedliche Laubwälder, in denen kleine Bäche am Rande der Straße plätschern. Ebenso fahre ich durch verschlafene Städte wie Seneca Falls, Auburn und Geneva, in denen alte Fabrikhäuser und Wassermühlen an die Industrialisierung im 19. Jahrhundert erinnern. Insbesondere in Seneca Falls wurde auch kulturelle Geschichte geschrieben. Hier trafen sich im Jahr 1848 Frauen und Männer, um im Rahmen der *Seneca Falls Convention* – einer Versammlung – Frauenrechte zu diskutieren. Innerhalb von zwei Tagen vereinbarten Teilnehmer die sogenannte Erklärung der Rechte und Meinungen (*Declaration of Rights and Sentiments*). Diese historische Versammlung wird oft als der Beginn der modernen politischen Frauenrechtsbewegung angesehen. Zwar entstand der Feminismus ideologisch schon früher, aber dies war eine der ersten institutionellen Organisationsversuche.

Heute nimmt die westliche Welt Frauenrechte als selbstverständlich hin. Im 19. Jahrhundert aber empörte sich der Großteil der Bevölkerung über die Emanzipation der Frau – natürlich auch im Deutschen Kaiserreich. Hier wandelte sich die Ablehnung gegenüber dem Feminismus sogar in Vorurteile gegenüber den USA. Laut Soziologe Andrei Markovits wurde Feminismus in Deutschland als Teil der allgemein lamentierten Amerikanisierung gesehen – und damit verachtet. Anti-Amerikanismus gibt es nämlich nicht erst seit der Präsidentschaft von George W. Bush. Laut Historikern Lüdtke, Marßolek und von Saldern artikulierten sich seit der Jahrhundertwende um 1900 besonders skeptische Stimmen gegenüber allem Amerikanischen. Die als „amerikanisches Matriarchat" diffamierte Gesellschaftsordnung Amerikas sollte sich nicht in Deutschland etablieren.

Mittlerweile scheinen Angst vor Amerikanisierung und Vorurteile gegenüber Amerikanern sich gegenseitig zu erhärten: Weil alle Amerikaner fettleibig seien, ist die McDonald's Kultur so verachtenswert. Gerade weil es in den USA nur stinkreiche Wall Street Banker und alleinerziehende Mütter mit drei Mindestlohn-Jobs gibt, sollten deutsche Landesbanken nicht wie amerikanische Konkurrenten auf den Kapitalmärkten zocken. Es ist aber erstaunlich, dass Elemente wie der Feminismus einfach aus dem Fokus der Amerikanisierungsangst verschwinden können. Wir kritisieren gar den amerikanischen Präsidenten als frauenfeindlich.

Heute bietet sich das Wetter und die Landschaft wieder zum Zelten an. In den vergangenen drei Tagen war sowohl das Wetter ziemlich regnerisch und inmitten des Betondschungels von Syracuse und Albany hätte es auch keine Zeltplätze gegeben. Tatsächlich zeigt mir das Handy einen Campingplatz unweit der Kleinstadt Canandaigua auf. Ich freue mich darauf, wieder zu zelten und gleichzeitig etwas Geld zu sparen. An der Rezeption des Zeltplatzes erfahre ich aber, dass ein einfacher Zeltplatz 35 Dollar kosten soll. (Das ist doppelt so viel als man normalerweise auf guten Zeltplätzen in Deutschland bezahlen würde.) Ein kleines Stück matschiges, mit Mücken verseuchtes Land kostet 35 Dollar die Nacht. Manche Hotelzimmer mit Frühstück sind ab 60 US-Dollar zu haben. Aber ich habe keine Wahl. Auf dem Weg zum Zeltplatz haben mich bereits zwei Hunde auf der Straße gejagt, die gesamte Gegend um den Zeltplatz besteht aus privaten Grundstücken und meine Beine haben keine Kraft mehr. Ich bezahle widerwillig.

Der beste Grund dennoch auf einem Zeltplatz zu übernachten sind die anderen Camper. Bereits beim Aufbauen des Zeltes komme ich mit meinem Nachbarn ins Gespräch, einem drahtigen Mann namens Jamie. Sein dunkelgraues Haar trägt der Mann sehr kurz geschoren. Stolze 78 Jahre alt kampiert er in einem Zeltaufsatz für sein Auto. Er kommt gerade von der zweiten Hochzeit eines Bekannten im Nordosten der USA und ist auf dem Rückweg in den südlichen Bundesstaat Arkansas.

Als ich ihn danach frage, erzählt Jamie mit stolzer Stimme seinen abenteuerlichen Lebensweg. Früh hat Jamie die Fotografie für sich entdeckt. Mit 17 Jahren buchte er einen Flug von seiner Heimat Arkansas nach Hawaii – natürlich ohne genug Geld für ein Rückticket zu haben, – um dort vom Fotografieren von Touristen zu leben. Später fotografierte er als Fotojournalist sogar J.F. Kennedy während dessen Präsidentschafts-kampagne und andere Präsidenten. Fasziniert von seiner Lebens-geschichte bitte ich Jamie, mir mehr von sich zu erzählen.

Das Gespräch nimmt allerdings eine Wendung. Fast beiläufig erzählt mir der alte Mann offen davon, dass er sich sowohl Frauen als auch Männern hingezogen fühlt. Dafür sei er oft im Süden der USA zusammengeschlagen worden. Er eröffnet mir tief in die Augen schauend sogar ein weiteres Geheimnis:

„Meine Vorlieben haben mich aber auf Hawaii über Wasser gehalten. Von der Fotografie alleine konnte ich da ja nicht leben."

Die Geschichte selbst schockiert mich nicht. Mir ist völlig egal, mit wem die Menschen ins Bett hüpfen und ob sie dafür bezahlt werden. Dennoch überraschen mich Jamies Eröffnungen. In seinem Campingsessel sitzt der dünne Jamie zusammengesackt und wirkt in der heraufziehenden Nacht harmlos, fast hilflos. Doch nun beginnt Jamie mir Fragen zu stellen:

„So Vincent, wie steht's denn mit deiner Sexualität?"

„Ähm, ich bin heterosexuell. Ich hatte auch bis vor Kurzem eine Freundin."

„Hm. Und was ist deine Stellung zu Prostitution?" Direkte Fragen stören mich generell nicht. Auch über meine Sexualität kann ich offen reden, aber wiederum verblüffen mich die Fragen.

„Naja, in Deutschland ist Prostitution erlaubt. Ich denke, solange alle Parteien freiwillig daran teilnehmen und die Prostituierten gegen Missbrauch geschützt sind, hab' ich eigentlich keine moralischen Bedenken."

Das befriedigt Jamie für den Moment, aber nach kurzer Zeit hakt er dann noch einmal nach:

„Und wie finanzierst du deine Radreise? Als Student bist du bestimmt knapp bei Kasse und brauchst immer etwas Geld, oder?" Das ist mein Stichwort. Ich erklärte Jamie, dass ich noch viel Geld von meinem Praktikum im letzten Sommer übrig habe und ich jetzt sehr müde sei. Und schon springe ich zu meinem Zelt. Ich bin noch etwas verwirrt, aber mich beschleicht das Gefühl, dass Jamie von mir etwas Anderes hören wollte.

Als ich am nächsten Morgen – Jamie war schon früh gefahren – an der Rezeption auschecke, lächelt mich die Rezeptionistin an.

„Jamie hat mir gesagt, dass ihr euch gut verstanden habt. Was für ein netter alter Mann!" Meine Augen weiten sich. Ich muss schmunzeln. Ich frage mich, wie die Frau, die einen Kreuzanhänger an ihrer Halskette trägt, reagieren würde, wenn ich Jamies Fragen wiederhole.

Tag 6 - Canandaigua, New York (663 km.)

Der Eine mag in Jamie einen Mann mit unbändigem unternehmerischem Geist sehen. Der Andere mag ihn als eigennützigen Materialisten verstehen. Auf jeden Fall hat seine Person das Potenzial, positive und negative Vorurteile gegenüber Amerikanern zu bestätigen. Warum sitzen diese Vorurteile aber gerade gegenüber Amerikanern so tief?

Vielleicht liegt es an der sogenannten sozialen Identität. Die Theorie der sozialen Identität besagt, dass wir eine positive Selbsteinschätzung erreichen, indem wir uns mit einer Gruppe identifizieren und diese gegenüber fremden Gruppen abgrenzen. Andere Kreise werden durch negative Vorurteile belegt, um die eigene Identifikationsgruppe aufzuwerten. (Studenten an der Brown grenzen sich gerne gegenüber den seelenlosen Karrieristen von der Harvard und den versnobten Koksnasen von der Yale ab und gelten für jene aber als emotionale Hippies.) Besonders bei Erfolg einer fremden Gruppe werden Vergleiche unfair. Wenn die USA wieder einmal die meisten Goldmedaillen bei den Olympischen Spielen abräumen, erinnern sich Deutsche daran, dass ja aber Amerikaner im Durchschnitt wegen der allgemeinen Fast-Food-Sucht viel unsportlicher seien als die Deutschen.

Die soziale Identität reicht als Erklärung aber nicht aus. Denn wie der Soziologe Andrei Markovits in seinem Buch *Amerika, dich haßt's sich besser* erläutert, gab es bereits negative Vorurteile gegenüber Amerika, als Amerika noch aus kleinen, relativ unbedeutenden Kolonien bestand. Beispielsweise wurden die nach Amerika ausgewanderten Kolonisten in Deutschland als verweichlicht und wild verurteilt, weil sie Kontakt mit den Ureinwohnern Nordamerikas hatten. Warum hätte sich ein stolzer Preuße oder ein selbstsicherer Bayer von der schmuddeligen Gruppe englischer Kolonien eingeschüchtert fühlen sollen?

Eine zweite Ursache für Vorurteile scheint diese Lücke zu füllen. Die USA wollte man verstehen, konnte es aber nicht. Schließlich wanderten Nachbarn in das geheimnisvolle Land aus und die eigene Familie spielte vielleicht mit dem selben Gedanken. Erfahrung aus erster Hand hatte aber fast niemand und dem Bedürfnis nach Verständnis entsprangen Vorurteile. Heutzutage sind die USA als Weltmacht mit ihren Kriegen, Krisen und Wahlkatastrophen in unseren Medien omnipräsent. Aber gerade weil die Fülle der Informationen über dieses Land so groß ist und Informationen sich teilweise widersprechen, können wir das Land dennoch nicht akkurat – oder eben nur mit Vorurteilen – verstehen.

Ich ringe selbst nach vier Jahren in den USA immer noch mit gegensätzlichen Erlebnissen. Ein Vorfall während meiner Zeit im Ruderteam der Uni ist ein besonders prägnantes Beispiel dafür:

Seit einigen Jahren pflegt das stolze Ruderteam ein Aufnahmeritual für die *Freshmen* (Erstklässler), die das harte Training des Leistungssports sechs Monate lang ausgehalten haben. Als Beweis der Zugehörigkeit zum Team müssen die Erstklässler sich wilde Formen in ihre Frisuren von den *Seniors* (Viertklässlern) rasieren lassen. Mit den abstrakten Kunstwerken als Haupthaar laufen die Opfer des Gruppenzwangs eine Woche herum, bevor sie sich ganz den Kopf rasieren dürfen. Um dem Ritual etwas Positives abzugewinnen, schlug ich den Erstklässlern und den beiden Kapitänen (jeweils Viertklässler) vor, die Haare für einen guten Zweck abrasieren zu lassen. Die Reaktion auf meinen Vorschlag war verheerend: Die meisten Erstklässler antworteten gar nicht und einige sagten mir, sie würden eben genau das machen, was die Kapitäne vorgeben. Die Kapitäne wiederum wollten nichts von dem Vorschlag wissen.

„Traditionen sind ein Teil davon, was das Brown Ruderteam so großartig macht", schrieb mir einer der Kapitäne. Dieser sagte mir sogar er sei „verstört von meinem Bestreben, Traditionen zu brechen" und implizierte so, dass Rituale zum Selbstzweck bestehen. Dieses spezifische Aufnahmeritual gebe es seit länger als zehn Jahren und Traditionen müssen schließlich bewahrt werden – so das Credo der Kapitäne. Letztendlich war ich der einzige im Ruderteam, der sich für den guten Zweck die Haare abrasieren ließ. Unterstützt haben mich dabei allerdings alle meine amerikanischen Freunde, die nicht Mitglied im Ruderteam waren.

Ebenso erklärt sich möglicherweise die schweigsame Gefolgschaft der Erstklässler im Ruderteam durch das verständliche Bedürfnis, tausende Kilometer von ihrer Heimat entfernt als Teil einer Gruppe anerkannt zu werden. Auch das Aufnahmeritual fand in dem Folgejahr nicht mehr statt – wohl durch den Druck von Trainern, aber immerhin.

Und weil sich mein Bild von dem Land und den Leuten immer noch verändert, versuche ich, möglichst viele und vielfältige Erfahrungen zu sammeln und in meinem Gedächtnis zu speichern. Am sechsten Tag allerdings speichert mein Gedächtnis gar nichts. Es entstehen keine Fotos und ich versende keine Nachrichten. Erst am frühen Abend, als die

Etappe abrupt und unplanmäßig endet, setzt mein Gedächtnis wieder ein.

Zu diesem Zeitpunkt erstrecken sich die Vororte der Großstadt Buffalo, meinem Tagesziel, vor mir. Als mein Blick routinemäßig zu den Reifen fällt, merke ich, dass der Hinterreifen nur noch wenig Druck hat. Das beunruhigt mich nicht weiter. Ich pumpe den Reifen mit meiner kleinen Luftpumpe, die lediglich zehn Kubikzentimeter fasst und deren Dimensionen eher einer dünnen Zigarre ähneln, wieder auf. Schon eine viertel Stunde später fällt mir aber wiederum auf, dass ich auf einem schlabberigen Reifen rolle. Vielleicht hat der Schlauch ein kleines Loch, schlussfolgere ich. Sobald ich im 20 Kilometer entfernten Hotel ankomme, wechsele ich einfach den Schlauch im Trockenen. Vielleicht schaffe ich es dorthin sogar, indem ich den leicht defekten Schlauch immer wieder aufpumpe.

Ich schaffe es nicht. Schon wenige Minuten später wird mir klar, dass der Schlauch die Luft nicht lange genug hält. An einer belebten Kreuzung muss ich den Ersatzschlauch einsetzen. Just als ich mich an die Arbeit mache, wandeln sich die vereinzelten Nieselschauer in einen ergiebigen Regen um. Zu allem Überfluss sitzt der Mantel bombenfest. Mit meinem gesamten Körpergewicht muss ich mich auf den Reifenheber stemmen, um den Mantel von der Felge zu lösen. Endlich gibt der Mantel nach und ich überprüfe ihn auf Löcher oder Fremdkörper. Allerdings kann ich nichts finden. Nur der innere Schlauch scheint ein winziges Loch aufzuweisen, aber der äußere Mantel ist intakt. Seltsam! Letztendlich habe ich den Schlauch ausgetauscht und ich setze mich wieder auf den Sattel.

Nach drei Kilometern ist der Hinterreifen wieder platt. Wiederum bringt das Aufpumpen zunächst zehn Minuten, bald nur noch eine Minute Abhilfe. Was ist nur los? An einer Tankstelle stoppe ich, um ein zweites Mal den Schlauch zu wechseln. Als Auswechselschlauch übrig ist nur der Schlauch, der vor zwei Tagen von dem rostigen Nagel zerfetzt wurde. Den hatte ich zwar geflickt, aber dem Flicken vertraue ich nicht besonders. Mit schnellen kraftvollen Stößen pumpe ich los. Plötzlich zerfällt die kleine Luftpumpe in zwei Teile und ich ramme mir den scharfen Rand des Metallkolbens in die Hand. Der Schmerz schießt von der kreisförmigen Wunde durch den Arm. Wut verdrängt die Frustration.

Ich bemerke zwar, dass die Pumpe sich leicht wieder zusammensetzen lässt, aber mir fällt ebenfalls auf, dass der geflickte Schlauch nicht härter wird. Entweder kommt einfach nicht genügend Luft in den Schlauch oder Luft kommt herein, entweicht aber gleich wieder durch ein Loch oder den defekten Flicken. Zu der Wut mischt sich Ratlosigkeit. Gewiss weiß ich nur, dass ich jetzt festsitze.

Als ich wie ein kleiner Junge mit verschränkten Armen beleidigt am Rande der Tankstelle schmolle, kommt ein junger Mann auf mich zu. Er ahnt wohl, dass ich große Schwierigkeiten habe und fragt:

„Brauchst du irgendetwas?"

Ich nicke.

Glücklicherweise erklärt der sportliche Mann, der sich als Brad vorstellt, bereit, mir zu helfen:

„Ich bin eigentlich Footballspieler, bin aber auch begeisterter Fahrradfahrer. Komm ich fahr dich zu meinem Fahrradladen des Vertrauens!" Brad ist mindestens ein Kopf größer als ich, seine Schultern sind mindestens doppelt so breit wie meine und seine Haare sind auf wenige Millimeter kurz geschoren. Unfairerweise hätte ich wohl nicht vermutet, dass Brad so hilfsbereit ist. Dankend nehme ich das großzügige Angebot an. Zwar hat der Fahrradladen bereits geschlossen, aber dafür lädt mich Brad zu sich nach Hause ein. Dort darf ich nicht nur Brads Luftpumpe und Werkzeug benutzen, sondern kann sogar mit ihm und seiner Frau zu Abend essen. Und weil der Kleber der Flicken erst noch aushärten muss, fährt Brad mich anschließend sogar mit dem Auto quer durch die Stadt zu meinem Hotel. Ohne seine Hilfsbereitschaft hätte ich immer noch an der Tankstelle geschmollt.

Tag 7 - Buffalo, New York (793 km.)

Für mich stellt sich nach der Begegnung mit Brad und seiner Frau eine wichtige Frage: Ich bin bereits vielen netten Menschen wie Brad begegnet und die Fahrt durch New York State habe ich dank der reichen Geschichte und schönen Städte wie Syracuse als sehr spannend empfunden. Ist die Angst der Deutschen vor einer Amerikanisierung daher völlig unbegründet?

Der Gesellschaftswissenschaftler Andrei Markovits beschreibt, dass die Angst vor einer Amerikanisierung mehr über die Deutschen aussagt, als dass negative Stereotypen von Amerika der Realität entsprechen. So identifizieren sich laut Markovits Deutsche heutzutage mit dem Anti-Amerikanismus primär, weil Anti-Amerikanismus eine moderne, progressive Gesinnung widerspiegelt. Wer gegen die einfältigen Amis, Trump oder TTIP wettert, positioniert sich als aufgeklärter Intellektueller. Dieses Phänomen äußert sich interessanterweise immer dann besonders ausgeprägt, wenn der amerikanische Präsident unbeliebt in Deutschland ist.

Zudem führt Markovits aus, dass die Skepsis oder Unterstützung gegenüber Amerikanisierung in Deutschland auch mit der Klassenzugehörigkeit zusammenhängt. So unterstützen die breiten Massen Europas durchaus Elemente der Amerikanisierung wie die Verbreitung von Hollywood-Filmen oder amerikanischer Popmusik. Menschen, die sich selbst als Eliten verstehen, lehnen die Amerikanisierung hingegen ab. Aufgrund dieses Prozesses können sich auch Schwerpunkte des Anti-Amerikanismus im Laufe der Zeit verändern. Jazz beispielsweise wurde in der Nachkriegszeit in Deutschland als „Negermusik" diffamiert und deren Verbreitung im Namen des Kampfes gegen Amerikanisierung gebremst. Nun genießen europäische Eliten den Jazz. Da diese aber per Klassenzugehörigkeit eher Anti-Amerikanisten sind, eignet sich der Jazz nicht mehr als Objekt des Anti-Amerikanismus. Anti-Amerikanismus ist sexy, aber nicht rational.

Für die Entwicklung von Vorurteilen gegenüber den USA gibt es also nachvollziehbare Gründe, obwohl manche Vorurteile nicht der Realität entsprechen. Den Kopf zerbreche ich mir aber immer noch über den schlappen Schlauch im Hinterrad. In der Nacht ist wieder die gesamte

Luft aus dem geflickten Schlauch gewichen. Als ich aufwache, kommt es mir vor, als ob ich in einem schlechten Traum gefangen sei. Dünnere Rennradreifen von 23 Millimetern Breite muss man zwar öfters aufpumpen, die 42 Millimeter breiten Reifen meines Hybridfahrrades aber eigentlich nicht. Daher kann ich nicht die schöne Route entlang des Eriesee antreten, sondern muss meinen Lenker in die entgegengesetzte Richtung zurück nach Buffalo drehen. Ein richtiger Fahrradmechaniker soll sich den Reifen ansehen. Nicht nur brennen die Waden wie jeden Morgen, auch die Fahrt in die falsche Richtung brennt sich ein Loch in meine Laune.

Der Fahrradmechaniker bringt meine letzten Nervenzellen zur Weißglut.

„Du hast aber viel zu wenig Luft im Hinterrad!", lässt mich der Mechaniker herablassend an seiner großen Weisheit teilhaben. Wenn meine Beine nicht so schmerzen würden, wäre ich über den Tresen gesprungen, um die heiße Luft aus dem Typen herauszuquetschen. Nachdem ich dem Mechaniker die ganze Situation beschreibe, wechselt er den Schlauch und verkauft mir Teflon Einlagen, die zwischen dem Schlauch und dem Reifen für weiteren Plattenschutz sorgen sollen. Der Reifen scheint die Luft zu halten. Zur Sicherheit kaufe ich noch zwei neue Ersatzschläuche. Es kann losgehen. Vorerst.

Lange habe ich mich auf die Strecke am Erie-See gefreut. Zwar liegt noch fast die volle Tagesstrecke von 140 Kilometer bis zur Stadt Erie vor mir, aber zumindest bin ich jetzt an der Küste des Sees, der ich für zweieinhalb Tage folgen werde. (Der Erie See ist einer der Großen Seen und mit stolzen 25,7 Tausend Quadratkilometern knapp fünfzig Mal so groß wie der Bodensee, bzw. größer als elf der deutschen Bundesländer.) Die Vorfreude verfliegt schnell. Kaum nach zehn Minuten Fahrt entlang des Ufers ereilt mich das Déjà-vu ein viertes Mal. Der Hinterreifen ist wieder platt.

Resigniert und regungslos sitze ich am Seeufer. Vier verschiedene Schläuche sind bereits kaputtgegangen. Ein fehlerhaftes Ventil und eine schlechte Flickarbeit mögen vielleicht zwei Schläuche unbrauchbar machen, vier aber sicherlich nicht. Hätte ich auf die Situation angemessen reagiert, hätte ich mein Taschenmesser genommen und das Hinterrad in die ewigen Fahrradgründe befördert. Aller Vorbereitung zum Trotz sitze ich nun völlig ratlos am Straßenrand – wegen simpler Pannen. Ich weiß einfach nicht weiter. Diese Ratlosigkeit macht mich wütender als der schlappe Schlauch selbst.

Aus schlichter Verzweiflung googele ich das Problem einfach. Alles deutet angeblich daraufhin, dass ein Dorn oder etwas anderes Spitzes noch im Mantel des Reifen steckt. Diesen aber habe ich schon mehrfach von innen abgefühlt und inspiziert. Dennoch kontrolliere ich den Mantel ein letztes Mal, halte den Mantel dicht unter meine Nase und beginne ihn langsam zu rotieren. Als ich eine bestimmte Stelle des Mantels vor meinen Augen halte und in einem bestimmten Winkel zur Sonne drehe, blitzt plötzlich ein winziger silberner Punkt im schwarzen Gummi hervor. Mit der Pincette ziehe ich ein kleines Stück Draht heraus, das ein Bruchteil einer Heftklamme sein muss. Das Stück ist so klein, dass es von der Innenseite des Mantels gar nicht fühlbar ist. Wenn aber das Hinterrad an der Stelle, wo sich das Metallstückchen befindet, ein Stein überfährt, könnte der Draht in den Schlauch gedrückt werden und diesem ein kleines Loch zusetzten. Ist dem so, bin ich erlöst. Ich wechsele den Schlauch. Als ich mich vom Kantenstein abstoße, bin ich enorm nervös. Immer wieder blicke ich ängstlich in Richtung Hinterrad. Die Luft bleibt drin. Ein kleines Stück Heftklammer hat wohl tatsächlich vier der insgesamt elf Platten der Fahrradtour verursacht. Endlich kann ich befreit weiterfahren. Allerdings beginnt nun das Rennen mit der Zeit.

In Erie Stadt nämlich erwartet mich zum Abendessen die Familie einer Kommilitonin und dort kann ich zwei Nächte verbringen. In den nächsten acht Stunden muss ich also etwa 140 Kilometer fahren. Aber es wird doch noch die schöne Fahrt, die ich mir ausgemalt hatte. Links von mir erstrecken sich mit Wein bepflanzte Hänge und rechts von mir liegt der ruhige Erie See, der in der herauskommenden Sonne glitzert. Der See ist so groß, dass die Wassermassen bis zum Horizont reichen und das glitzernde Graublau des Wassers mit dem diesige Hellblau des Himmels verschwimmt. Die Luft ist warm und windstill, riecht aber durch den See frisch und rein. Nach einigen Tagen schlechtem Wetter und dem problematischen Hinterrad genieße ich die idealen Voraussetzungen mit tiefen Atemzügen. Zwar fühle ich jeden Kilometer der letzten Tage in den Beinen, aber heute fällt es mir leicht, das zu ignorieren. Das Rad läuft wie geschmiert und morgen kann ich mich erholen. Bis um acht Uhr abends gebe ich alles.

Dann erreich ich den Bundesstaat Pennsylvania und die Stadt Erie – die erste Woche ist geschafft. In vielen Aspekten war die erste Woche aber nur ein Vorbote der Herausforderungen, die mich noch erwarten. Im Gegensatz zu den Rocky Mountains sind die Bergketten in Massachusetts norddeutsches Flachland. Selbst technische Probleme mit dem Fahrrad werden mich weiter zurückschlagen als die Pannen um Buffalo. Vor allem aber verlasse ich mit New York den Nordosten der USA. Den Nordosten kenne ich. Die folgenden Regionen sind mir völlig fremd.

Die letzte Nacht in Providence vor dem Beginn der Fahrradtour

Anya und ich bei meiner Abschlusszeremonie

Die Finger Lakes sind beliebtes Ferienziel

Woche 2

Rustbelt
(773 Kilometer)

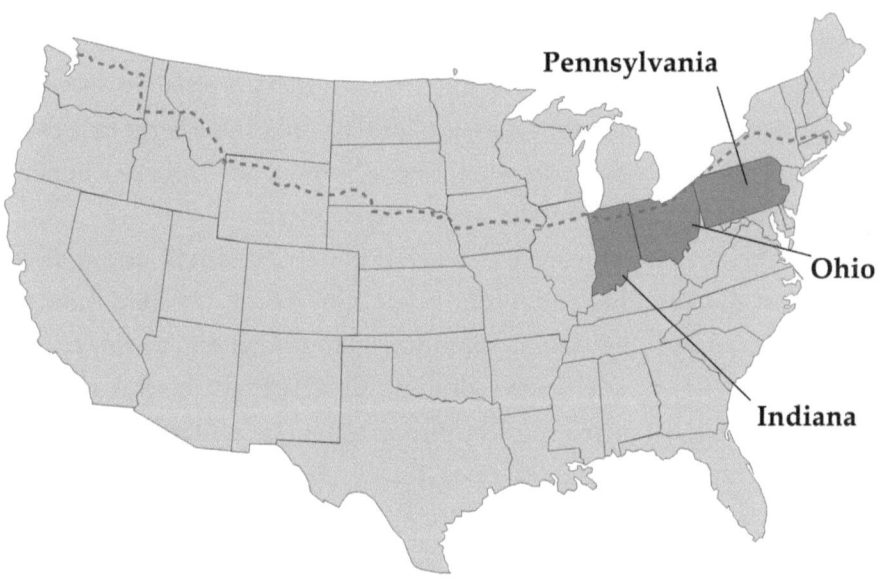

Tag 8 - Erie, Pennsylvania (921 km.)

Erie ist eine charmante Stadt. Zweistöckige Gebäude aus dem späten 19. Jahrhundert und dicht belaubte Buchen säumen die Hauptstraße. Die Backsteingebäude leuchten in der Abendsonne blutrot und die weißen Säulenvorbauten reflektieren das orangene Licht. Ich fühle mich wie in ein anderes Jahrhundert versetzt. Würden aus den historischen Häusern Menschen mit schwarzen Fracks und Zylindern heraustreten und sich auf dem Bürgersteig unter den altertümlichen Laternen unterhalten, es würde in das romantische Gesamtbild passen. Mittlerweile beherbergt Erie Stadt, die wie der gleichnamige See nach einem Stamm der Irokesen benannt wurde, allerdings mehr als 100 Tausend Einwohner.

Untergebracht bin ich für zwei Nächte in dem Stadtteil, der in *diesem* Jahrhundert die Wohlhabenden der Stadt beherbergt. Um den Stadtteil, oder besser gesagt die kleine Siedlung zu erreichen, muss ich die Innenstadt verlassen. Die Straße, der ich aus der Stadt heraus folge, ist links und rechts dich begrünt und führt an einem geschützten Waldstück vorbei. Unscheinbar zweigt in einer Kurve eine weitere Straße ab. Ein Schild, das auf einem kleinen Backsteinaltar thront kündigt aber bereits an, was sich am Ende der Straße verbirgt: „Asbury Woods Estates" („Asbury Wald Anwesen"). Etwa 50 Anwesen drängen sich hier auf einer Lichtung im Wald. Für europäische Verhältnisse wirken die Gebäude imposant, aber eine imposante Wirkung scheint nicht der Zweck der Gebäude zu sein.

Auch die Stadtvilla von Julie und Roy übersteigt sicher 300 Quadratmeter. Mit Mauern aus grauem Stein, spitzzulaufenden Dächern und runden Fensterbögen erinnert die Villa an eine romanische Kirche. Die Herzlichkeit meiner Gasteltern jedoch überragt bei Weitem die Dimensionen ihres Heimes. Julie und Roy sind die Eltern einer Kommilitonin an der Brown. Obwohl die Kommilitonin über den Sommer nicht zuhause ist und ich Julie und Roy vorher nicht kennengelernt hatte, nehmen sie mich mit offenen Armen auf. Julie ist Grundschullehrerin und hat stets ein Lächeln auf den Lippen. Ihr Mann Roy, der dank seiner italienischen Wurzeln pechschwarze Haare hat, arbeitet als Rechtsanwalt. Beide Gastgeber sind unheimlich hilfsbereit und zuvorkommend. Jedes Mal, wenn ich das Treppenhaus heruntergehe, in dem ein überlebensgroßes Ölgemälde der beiden Töchter hängt, ruft Julie mich freundlich in die Kuche und bietet mir etwas zu essen an.

Das hört natürlich auch meine eigene Familie gerne. Heute habe ich genug Zeit, um mich in Ruhe per Skype bei allen Verwandten zu melden.

„Na, wie geht es deinem Po?", schießt es aus meiner Mutter heraus, bevor wir uns richtig begrüßt haben.

„Die Wunden sind nicht schlimmer geworden, Mom", antworte ich auf ihre eifrige Frage. Gut, dass hier niemand Deutsch versteht. Meine Mutter sorgt sich aber nicht nur um mein Hinterteil.

„Jeden Morgen, bevor ich aufstehe und jeden Abend, bevor ich ins Bett gehe, schaue ich auf der Internetseite nach, wo du dich befindest", sagt mir meine Mutter. Für die Fahrradfahrt hatte ich mir eine App heruntergeladen, die auf einer Webseite nach Eingabe eines Passworts mein Standort anzeigt. Besonders Angst habe meine Mutter, wenn sie genau wisse, dass ich zelte. Denn gerade erst hat sie gelesen, dass ein 22-jähriger Student in den USA während einer Wanderung von einem Bären getötet wurde.

„Aber, Mom! Ich bin doch schon 23 Jahre alt", versuche ich zu scherzen. Dabei beunruhigt meine Mutter nicht nur das gleiche Alter, sondern auch, dass die Bärenattacke in New Jersey passierte. New Jersey liegt direkt an der Ostküste, südlich von New York. Jetzt verstehe sie erst, dass quasi meine ganze Route durch das Habitat von Schwarzbären verläuft und nicht erst in den Rocky Mountains. Ich verspreche meiner Mutter, dass die Gefahr durch Bären in den nächsten drei Wochen viel geringer ist als in den Appalachen im Osten und in den Bergketten im Westen. Das stimmt tatsächlich.

Auch mein Fahrrad benötigt Aufmerksamkeit und Pflege – die ersten sieben Tage und 920 Kilometer haben deutliche Spuren hinterlassen: Durch den Dreck, der in der Kette stecken bleibt, nutzen die Ritzel und die Kette schnell ab. Auch das Profil meines Hinterreifens ist schon stark abgenutzt. Ich tausche den Vorder- und Hinterreifen und reinige jeden Millimeter des Fahrrads. Bis nach Chicago sollte ich es schaffen, ohne in die Werkstatt zu müssen.

Tag 9 - Erie, Pennsylvania (921 km.)

„Willst du nicht lieber noch einen Tag hierbleiben?" Meine Gastmutter schaut besorgt aus dem Fenster in den wolkenverhangenen, dunkel grauen Himmel. Die ganze Nacht hat es geregnet und die Wettervorhersage kündigt neue Gewitter für heute an. Wenn ich aber auf das perfekte Wetter für die Weiterfahrt warte, müsste ich wohl noch deutlich länger in Erie bleiben. Als es kurz trocken bleibt, raffe ich mich auf und verabschiede mich von den herzensguten Gasteltern. In einer Woche will ich in Chicago sein. Ich fahre aber nur dreißig Minuten lang.

Mich erwischt ein heftiger Regenschauer. Vor einer halben Stunde saß ich noch in der warmen Villa, jetzt hocke ich unter einer halb eingestürzten Tankstellenruine an der Hauptstraße. Ich seufze, schließe die Augen und vergrabe mein Gesicht in meinen Händen.

„Warum tue ich mir das bloß an?" geistert es mir durch den Kopf. Immerhin erreiche ich noch am Vormittag Ohio – den nächsten Bundesstaat. Ein gerader Bruch in der Fahrbahn, wohl ein Resultat des abweichenden Straßenbaus zwischen den Bundesstaaten, rüttelt zur Begrüßung einmal an meinem Rad. Der Absatz im Asphalt ist auch eine Schwelle ins Unbekannte: Weder in Ohio noch in irgendeinem der folgenden Bundesstaaten bin ich vorher schon einmal gewesen. Vielleicht tue ich mir das alles wegen der Abenteuerlust an – die grauen Wolken scheinen etwas heller. Das Wetter bleibt gar für einige Stunden trocken.

Genau jetzt muss ich aber auch die frische Energie in den Beinen einsetzen, um vorwärts zu kommen. Denn ich habe gelernt, dass man Kilometer gutmachen sollte, wenn das die äußeren Einflüsse zulassen. Die flotte Geschwindigkeit von 25 km/h kann ich mittlerweile bis zu zwei Stunden am Stück halten und schaffe so die 166 Kilometer zur Stadt

Cleveland bis zum späten Nachmittag. Vor dem nächsten Gewitter kann ich mich sogar rechtzeitig in ein kleines Hostel in der Innenstadt retten.

Als der sinnflutartige Regen so abrupt aufhört wie er begonnen hat, tauche ich bei einem Spaziergang anstatt dessen in ein Meer von weißen Hemden ein. Zum Feierabend strömen unzählige Menschen aus den Büros jenseits der historischen Hochhausfassaden auf die Bürgersteige der Innenstadt. Die Betriebsamkeit in der Innenstadt verwundert mich etwas. Cleveland liegt mitten in dem sogenannten *Rustbelt* (Rostgürtel), also der wirtschaftlich strukturschwachen Region Amerikas um die großen Seen, in der alte Industriebetriebe „verrosten". Warum wuseln hier Büroangestellte, wo das Allgemeinwissen verwahrloste Fabriken vermuten lässt?

Größtenteils teilt Cleveland die wirtschaftliche Geschichte der Region. Dank einer günstigen Lage zwischen Eisenerz Minen in Michigan, Kohlevorkommen im Süden von Ohio und Ölfeldern in Pennsylvania gediehen im 19. Jahrhundert in Cleveland Stahlwerke und Ölraffinerien. Auch John D. Rockefeller baute 1863 hier seine erste Ölraffinerie. Später gewann der Maschinenbau an Bedeutung. Zwar wurde Detroit durch die Autowerke zur *Motor City*, Cleveland müsste dann aber folgerichtig *Zulieferer City* genannt werden. Auch Ford Motoren liefen in Cleveland von den Bändern.

In den 1960′ern erreichte die Beschäftigung im Maschinenbau seinen Höhepunkt. In folgenden Jahrzehnten fielen Handelskosten weltweit, neue Länder erhöhten den Konkurrenzkampf, amerikanische Produkte wie die Autos wurden – relativ gesehen – weniger nachgefragt und vor allem Technologie und Automatisierung schritten erbarmungslos voran. Befanden sich 1960 laut des Arbeitsministeriums der USA noch etwa ein Viertel aller Arbeitsplätze im verarbeitenden Gewerbe, sind es in 2016 nur noch 8%. Der Verlust dieser *manufacturing jobs* (Arbeitsplätze in der Produktion von Maschinen, Autos, usw.) gilt als nationale Tragödie und führte in Städten wie Detroit zu enormer Arbeitslosigkeit.

Umso mehr verwundert mich die große Zahl an gestressten

Büroarbeitern in Cleveland. Aber diese Stadt hat den Wandel besser gemeistert. Hier rückte der Dienstleistungssektor früh in den Vordergrund und die Buchhalter, Berater, Bankiers, Rechtsanwälte, Versicherer und Designer aus Cleveland finden auch weiterhin Arbeit. Zusätzlich hat die Gegend Geld in touristische Attraktionen wie das Museum *Rock&Roll Hall of Fame*, aber auch in Forschung investiert. Die Wirtschaft Clevelands, ist in vielen Aspekten vielfältig, fortschrittlich und vor allem flexibel.

Tag 10 - Cleveland, Ohio (1.087 km.)

Jenseits der Stadtgrenze erstrecken sich imposante Villenlandschaften und im Hafen von Sandusky, einer Stadt an der Südwestspitze des Sees, schaukeln elegante Jachten und schneidige Speedboote vor sich hin. Dann endlich: Bei meinem Mittagessen am Hafen fallen mir auf der anderen Seite der Bucht seltsam geformte Metallkonstruktionen auf, die über die Baumkronen hinausragen. Sind das endlich die Fabrikruinen? Dann windet sich ein Achterbahnwagen durch die Metallkonstruktion – auf der Halbinsel gegenüber befindet sich ein Vergnügungspark. Mit den Villen, Jachten, dem Vergnügungspark und selbst der Stadt Cleveland insgesamt entpuppt sich Ohio bisher nicht als abgenutzte Schnalle des Rostgürtels.

Nun aber trenne ich mich von dem Eriesee, dessen Ufer ich immerhin für 400 Kilometer gefolgt bin. Anstatt Flüssen oder Seen zu folgen, fahre ich schnurgerade nach Westen, in Richtung Chicago. Solange die Sonne am Morgen hinter mir scheint, in der Mittagszeit meine linke Gesichtshälfte bräunt und mich am Abend blendet, fahre ich in dem Schachbrettmuster der Landstraßen in die richtige Richtung. Karten brauche ich hier nicht. Die Landschaft selbst besteht aus einem bunten Fleckenteppich aus Feldern, Farmhäusern, Waldabschnitten, einfachen Wohnhäusern – auch außerhalb von Siedlungen – und Kleinstädten. Die Fahrt ist entspannt und die Stunden im Sattel fließen dahin.

Auch in dieser Mosaiklandschaft halten mich omnipräsente Zäune davon ab, wild zu zelten. Ein Einheimischer meint sich aber daran zu erinnern, dass es nur zwei Kilometer weiter südlich und zwei Parallelstraßen weiter westlich einen Zeltplatz gebe. Auf Google Maps kann ich zwar keinen Hinweis darauf entdecken, ich probiere es dennoch und fahre in die beschriebene Richtung.

Und tatsächlich: Genau an der vorhergesagten Stelle zweigt eine Einfahrt von der Landstraße ab und führt zu einem Zeltplatz. Der *cactus flats* (Kaktus Flachland) genannte Platz ist halb Wohnmobil-Campingplatz im deutschen Sinne, halb Wohnwagensiedlung (*trailer park*) im amerikanischen Sinne. Auf sogenannten *trailer parks* gründen ärmere Menschen einen permanenten Wohnsitz aus Wohnwagen (*trailern*) oder aus einer länglichen Wohneinheit ohne Räder, das von LKWs befördert werden kann (*mobile home*). In einer kleinen Ecke des Platzes kann ich für 12 Dollar mein Zelt aufschlagen. Ich freue mich auf eine Dusche. Immerhin bin ich heute etwa 155 Kilometer gefahren.

„Eine Dusche haben wir hier nicht", sagt die Besitzerin des Campingplatzes prompt, als ich bezahle. Dafür drückt mir die Frau einen Eimer in die Hand und macht mir das Angebot, ich könne mich in der Laube mit dem Plumpsklo waschen. Zwar hätte ich mich unter einer heißen Dusche gerne entspannt. Dringender ist aber, die Schürfstellen an meinem Hintern zu reinigen. Auch die Schichten von Sonnencreme, kleinen Fliegen, getrocknetem Schweiß und Staub muss ich entfernen, bevor ich in meinen Schlafsack schlüpfe. Das schaffe ich letztendlich auch in dem kleinen Verschlag. Das Gefühl bleibt jedoch, dass ich dreckiger aus der stinkenden Plumpsklo-Laube herauskomme als ich hineingegangen bin. Sicherlich rieche ich danach auch schlechter.

Zwei kleinen aufgeregten Hunden auf dem Zeltplatz scheint mein Geruch aber zu gefallen. Eine braun-weiße Bulldogge und ein kleiner brauner Mischling mit spitzer Nase toben fröhlich um mich herum, als ich zu meinem Zelt zurückgehe. Gerne verteile ich einige Streicheleinheiten an die beiden fröhlichen Hunde, die sich sichtlich über meine Aufmerksamkeit freuen. Im Augenwinkel bemerke ich nun Bewegung zwischen dem nächstgelegenen Wohnwagen und einem Pick-up Truck.

Als ich aufsehe, sehe ich, dass ein Mann – sicher der Besitzer der Hunde – langsam auf mich zugeht. Der Mann trägt nur ausgewaschene, dreckige Jeans und Arbeitsschuhe. Sein nackter Oberkörper ist abgemagert und eingefallene Wangen unterstreichen sein schmales Gesicht. Auch schwarzes Zahnfleisch und schlechte Zähne deuten auf ein mittelloses Leben hin. Er macht einen sehr nachdenklichen Eindruck. Nachdem ich frage, ob ich die Hunde auch wirklich streicheln darf, kommen wir ins Gespräch.

Jeff, wie er sich vorstellt, spricht sehr offen und ruhig über sich: Er wohnt mit seiner Freundin in dem kleinen Wohnwagen – etwas Anderes haben sie nicht. Sein Geld verdient er jetzt als Zimmermann mit Gelegenheitsjobs in der Gegend. Schon vor einigen Jahren verlor er seine letzte Festanstellung. Als er damals gleichzeitig mit seinem Bruder und seinem Cousin arbeitslos wurde, sind die drei Männer etwa 3000 Kilometer von Ohio nach Arizona gewandert und getrampt, um Gelegenheitsarbeit zu finden. Zehn Wochen dauerte die Reise und letztendlich fanden sie in Flagstaff, einer großen Stadt in Arizona, Arbeit. Mittlerweile laufe die Arbeit aber auch in seinem Heimatstaat Ohio gut, sagt Jeff. Er könne nun überall Arbeit finden. Dennoch lebt er mit seiner Freundin und den zwei Hunden in einem Wohnwagen, der sich wegen kaputter Achsen nicht mehr bewegen lässt.

„Ich bezahle hier 200 US-Dollar im Monat, das ist das billigste Angebot, das es hier gibt." Er spare jetzt für ein richtiges, bewegliches Wohnmobil, damit er Ohio irgendwann wieder verlassen könne. Ich frage ihn, warum er denn zwei Hunde habe, denen er ja auch Futter kaufen muss.

„Naja, die Dogge hier habe ich schon lange. Den Mischling habe ich gerade erst bekommen. Er ist ziemlich hässlich und niemand wollte ihn. Daher hat ihn das Tierheim fast eingeschläfert. Da habe ich ihn lieber genommen." Mich verblüfft Jeffs Freundlichkeit und Bereitschaft, von sich zu erzählen. Er scheint sich geradezu zu freuen, dass ihm jemand zuhört. Aber Jeffs Geschichte ist auch kein bemerkenswerter Einzelfall. In kaum einem anderen Industriestaat sind sowohl Reichtum als auch Einkommen so ungleich verteilt wie in den USA. Das *Congressional Budget Office* – eine Behörde des amerikanischen Kongresses – schätzt, dass 2013 ein Haushalt im untersten Fünftel der Verteilung mit einem Nettoeinkommen von 2.042 US-Dollar im Monat leben musste – ein Haushalt wohlgemerkt und keine einzelne Person. Das einkommensstärkste Fünftel der Haushalte bezog hingegen ein Nettoeinkommen von 16.275 US-Dollar pro Monat. Und dieser Vergleich berücksichtigt bereits Transfer Leistungen wie Kindergeld und Essensmarken.

Besonders seit den frühen 80er Jahren ist die Ungleichheit gestiegen. Ökonomen streiten sich allerdings, warum genau das so ist. Der französische Star-Ökonom Thomas Pikkety beschreibt, dass vor allem Renditen von Kapitalgütern (also Einkommen aus Aktien, Profite von Unternehmern, Zinsen für Kreditgeber, aber auch Mieten für Grundstücksbesitzer) überproportional angeschwollen sind. Diese Theorie ist zwar belegbar und sehr populär, aber sie ist nicht ausreichend. Denn unter den Top-1% Verdienern finden sich vor allem Bankiers, Manager und Rechtsanwälte, aber auch Personen aus Medien und Sport, die ihr hohes Gehalt als Angestellte verdienen und eben nicht als Kapitalbesitzer.

Technologisierung der Produktionsprozesse und die Öffnung zum Welthandel fließen ebenfalls in den Prozess mit ein. Die hochspezialisierte Arbeit von Informatikern und Ingenieuren wird in entwickelten Ländern relativ mehr nachgefragt und Ärzte, Bankiers und Naturwissenschaftler werden durch die Zusammenarbeit mit Computern produktiver. Der MIT-Ökonom Erik Brynjolfsson beschreibt, dass solche spezialisierten Berufsgruppen durch Technologisierung überproportional profitieren. Auch der „Superstar-Effekt" spielt eine Rolle: Schauspieler und Sportler profitieren davon, dass Filme und Sportereignisse dank Digitalisierung weltweit übertragen werden und können dadurch höhere Gagen fordern. Gleichzeitig kann eine Managerin durch verbesserte interne Kommunikation und Digitalisierung größere Unternehmen steuern.

Aber das Problem ist in den USA auch hausgemacht. Schließlich sind auch die Nettoeinkommen nach Steuern und Transfer Leistungen immer noch ungleich verteilt. Die amerikanische Politik könnte Einkommensungerechtigkeit durch Steuern deutlich minimieren. Dass besonders die Unternehmen, deren Eigentümer, bzw. reiche Familien mit hohen Einkünften aus Kapitalanlagen von Trumps verabschiedeter Steuerreform profitieren, ist eine besonders zynische Wendung.

Später bringe ich dem Besitzer des Platzes den Eimer zurück. In einer kleinen Runde sitzt er mit Stammgästen des klassischen Campingplatzes, die in den Wohnmobilen freie Tage verbringen, und trinkt Bier. Auch sie sind freundlich und bieten mir sofort ein Dosenbier an. Ich spreche sie auf Jeff an. Obwohl alle Parteien seit mehr als einem Jahr auf dem gleichen Campingplatz wohnen, kennt niemand Jeff.

„Der Typ bei den Klos hinten bezahlt pünktlich", ist das einzige, was dem Besitzer letztendlich einfällt.

Tag 11 - Helena, Ohio (1.239 km.)

Als ich um sieben Uhr morgens aufwache und verschlafen mein Frühstück aus einer Tasche fische, fährt Jeff bereits mit seinem Pick-up zur Arbeit. Jeff arbeitet offensichtlich hart und spricht gleichzeitig zuversichtlich über ein neues Wohnmobil. Der Glaube an den Aufstieg durch harte Arbeit scheint tief in ihm zu sitzen. Vielleicht hat Jeff aber auch keine andere Wahl als jeden morgen früh zu seiner anstrengenden Arbeit zu fahren. Ich persönlich kann um diese Uhrzeit nur daran denken, woher ich einen Kaffee bekomme.

Knapp 1300 Kilometer liegen jetzt hinter mir und dennoch habe ich nicht das Gefühl, der Zivilisation richtig entkommen zu sein. Egal um welche Kurve ich biege oder über welchen Berg ich fahre, ein Auto oder ein Haus ist immer zu sehen. Hier steht ein Haus direkt an der Straße, dort versteckt es sich am Waldesrand, immer ist es aber in Sichtweite. In den Siedlungen stehen Gebäude dichter beieinander, in den Gebieten dazwischen stehen sie etwas weiter getrennt. Man ist eingesperrt in dem unendlichen Netz aus Asphalt, Tankstellen und Siedlungen. Wenn man sich bei Google Street View einen ganz zufälligen Straßenabschnitt in Ohio zeigen lässt, ist praktisch immer ein Haus zu sehen. Es ist erstaunlich! Und dabei hat Ohio ein Drittel der Fläche Deutschlands.

Neben der Bevölkerung begleitet mich auch der Regen. Immer wieder Regen – oft heftig von oben, gerne auch peitschend von vorne. In den vergangenen zehn Tagen hat es an acht Tagen mindestens einmal kräftig geregnet. Wassermassen haben die Umgehungsstraße von der Kleinstadt Defiance in einem Abschnitt von 200 Metern überflutet. Selbst die Alternativstraße, die in die Stadt hineinführt, ist bereits über fünfzehn Meter unter dreißig Zentimeter Wasser begraben. Ich hoffe, dass in Indiana – dem Bundesstaat, den ich heute Abend erreiche – alles besser wird.

Unscheinbar hinter einer Kurve, und natürlich hinter einem einzelnen Haus am Straßenrand, steht ein kleines grünes Schild, das Indiana ankündigt. Die Einheimischen begrüßen mich auch. Gerade nachdem ich das obligatorische Foto von der Staatsgrenze geschossen habe, donnert ein schwarzer Toyota dicht an mir vorbei. Die Begrüßung selbst besteht aus einem Hupen und dem Mittelfinger des Beifahrers. Was mag den Leuten durch den Kopf gehen? Auch andere Einwohner Indianas sind mir nicht geheuer. Am Straßenrand mehren sich große Schilder und Plakate, die mich aufrufen, zu Gott zu beten. Einige informieren mich darüber, dass Abtreibung eine Todsünde sei. Ein Vorgarten ist besonders abstoßend plakatiert: Auf dem Grundstück stehen sechs Schilder hintereinander, auf denen jeweils der Name eines Krieges und dessen Opferzahl steht. Auf dem zweiten beispielsweise steht: „Vietnam War: 60.000". Die Aufschrift des sechsten Schildes lautet: „Holocaust: 1 Million" – eine enorme Untertreibung. Auf dem siebten, größten und letzten Schild steht dann: „Abtreibung: 50 Millionen".

Nur die Amische sind freundlich zu mir. Einige Kinder in altertümlichen Kleidern stehen mit ihren Müttern am Straßenrand und verkaufen Gemüse. Die Männer begegnen mir immer wieder auf der

Straße in ihren Kutschen. Eines haben alle gemeinsam: Sie grüßen mich alle freundlich. Stets winken sie mir zu, wenn ich vorbeifahre – vielleicht wissen sie wie es ist, ohne einen Motor weite Strecken zu fahren. Wenn in Indiana nur die Amische freundlich zu mir sind, wird vielleicht doch nicht alles besser.

Tag 12 - Auburn, Indiana (1.399 km.)

Chicago liegt nordwestlich von meinem Standpunkt und alle großen Highways führen direkt dorthin. Einer der großen Highways verläuft fünf Kilometer nördlich von mir, ein anderer zehn Kilometer südlich und die sekundären Straßen führen entweder direkt nach Westen oder direkt nach Norden. Solange ich nicht auf einen der Highways treffe, orientiere ich mich also erfolgreich mit Hilfe der Sonne. Ich mustere die Felder links und rechts, studiere die Häuser und Hütten am Straßenrand und schaue etwas beneidend den Vögeln hinterher, von denen hin und wieder einer für 50 Meter neben mir fliegt und mich zu begleiten scheint. Farben und Gerüche – oft der Gestank von verwesenden Katzen und Rehen am Straßenrand – wirken intensiv auf mich. Und dann sind da noch die Schmetterlingsschwärme.

In der Nähe der Stadt Elkhart nämlich sitzen Schmetterlinge in Gruppen auf der Straße und warten auf ihren sicheren Tod. Zwar sind ihre Instinkte weit genug entwickelt, dass die Tiere in die Luft fliegen, sobald ich weniger als drei Meter von ihnen entfernt bin. Allerdings machen mindestens die Hälfte der Insekten eine halbe Sekunde später eine Kehrtwende und fliegen entweder in die Speichen meines Fahrrades oder in mein Gesicht. Ersteres ist sehr unangenehm für die dann flügellosen Schmetterlinge, letzteres ist sehr unangenehm für mich.

Aber Amerikaner kennen die Gegend um die Stadt Elkhart nicht wegen der Schmetterlinge. Die Stadt ist zum Symbol für die wirtschaftliche Entwicklung der USA nach der Finanzkrise 2007/08 geworden. Barack Obama selbst reiste 2009 in seiner dritten Woche als Präsident nach Elkhart, um sein 800 Milliarden US-Dollar schweres

Konjunkturprogramm vorzustellen. Es sollte Gemeinden wie Elkhart helfen, in denen die Wirtschaft schwer getroffen war. Laut Obama lag die Arbeitslosigkeit in dieser Stadt bei knapp 20% und im ganzen Bundesstaat Indiana war ein Zehntel aller Hausbesitzer davon bedroht, ihr Haus zu verlieren.

Mittlerweile hat sich die Wirtschaft massiv erholt. Im Sommer 2015 liegt die Arbeitslosenquote unter 5% und insbesondere die in Elkhart traditionsreiche Produktion von Wohnmobilen floriert wieder. Das Wirtschaftswachstum der USA insgesamt beträgt im ganzen Jahr 2015 sogar 2,4% – ein besseres Ergebnis als das Kanadas, Frankreichs oder Deutschlands. Aber es ist nicht alles Gold in Elkhart, auch wenn die Kennzahlen glänzen. Relativ betrachtet besitzen weniger Familien ein Eigenheim als seit einem halben Jahrhundert nicht mehr, berichtet das U.S. Census Bureau. Das Pew Research Center fand unlängst heraus, dass das mittlere, reale Haushaltseinkommen in Elkhart zwischen 2008 und 2014 um 10% geschrumpft ist. Viele Jobs werden schlecht bezahlt oder nur in Teilzeit angeboten. Mit Hilfe genau dieser Aspekte zeichnen Donald Trump und andere Populisten ein Bild von einem schwachen, untergehenden Amerika.

Sündenböcke finden diese Politiker schnell: billig arbeitende Chinesen, einwandernde Mexikaner, Überschüsse produzierende Deutsche und Steuern erhebende Demokraten. Viele Amerikaner haben dafür ein offenes Ohr. Die Erklärungen für die wirtschaftliche Schieflage scheinen simpel. Sie entsprechen aber nicht der ökonomischen Realität. Vor allem die Technologisierung und Automatisierung verursachen den Verlust von Arbeitsplätzen im produzierenden Gewerbe – davon profitieren die Unternehmen sogar! Nach neuesten Ergebnissen des Volkswirts Simcha Barkai von der renommierten University of Chicago, steigen seit 30 Jahren die Unternehmensprofite als Anteil des Nationaleinkommens. Tatsächlich fließt einfach proportional weniger Geld zurück an Arbeitnehmer.

Am frühen Abend liegt Elkhart hinter mir. 180 Kilometer und die halbe Strecke nach Chicago bin ich bereits geradelt. Aber nun wird es langsam dunkel und in der Nähe gibt es weder Zeltplätze noch Kleinstädte. In den letzten Tagen hatte ich immer einen Campingplatz oder bei schlechtem Wetter ein billiges Hotel gefunden. Ich entdecke aber einen Fluss, der die ansonsten direkt aneinander liegenden und oftmals eingezäunten Felder voneinander trennt. Hier, zwischen Fluss und dem Feld, könnte ich mein Zelt aufschlagen. Soll ich es wagen? Sicherlich bin ich auf privatem Grundstück, aber etwas Besseres finde ich nicht und hohes Gras etwa dreißig Meter abseits der Straße verdeckt ein wenig mein Zelt. Ich denke an Joe – den wütenden Farmer, liege erschöpft in meinem Schlafsack und lausche aufmerksam. Jedes Mal, wenn ein Auto heranrast, hoffe ich, dass der Motor nicht abrupt abgebremst wird. Aber alle Fahrzeuge rauschen gleichmäßig in der Ferne. Die Müdigkeit gewinnt letztendlich Oberhand. Ich falle in einen traumlosen Schlaf – bis mich am nächsten Morgen ein unheimliches Geräusch weckt.

Tag 13 - nahe Bremen, Indiana (1.509 km.)

Als ich am frühen Morgen langsam das Bewusstsein erlange, höre ich ein lautes Surren. Das Geräusch ist eindringlich und unheimlich. In meinem Delirium vermute ich, dass das Surren von einer Drohne oder einer Motorsense stammen muss. Wurde ich doch entdeckt? Nervös und verwirrt öffne ich meine Augen. Entdeckt wurde ich tatsächlich, aber nicht von Menschen. Das Zelten neben dem Fluss fordert seinen Tribut. Hunderte von Mücken färben die gelbe Zeltwand braun-gelb. Mein Körpergeruch, der wohl – diplomatisch ausgedrückt – sehr ausgeprägt ist, hat bestimmt alle Mücken im Umreis von einem Kilometer angelockt. Noch trennt mich ein Insektennetz von den Blutsaugern, aber irgendwann muss ich alles zusammenpacken. Daher gestaltet sich der Aufbruch nicht nur als nervenaufreibend, sondern als schwierig. Ich kann kaum mit beiden Händen gleichzeitig meinen Schlafsack zusammenrollen, weil mich ständig irgendwo an meinem Körper eine Mücke anzapft. Ich wünschte, ich hätte lange Hosen dabei. Wütend klatsche ich mit der Hand alle zehn Sekunden auf meine Waden und Oberschenkel, in die sich immer wieder die Insekten bohren. Nachdem ich wie ein Einsiedler übernachtet habe und gefühlt einen Liter Blut an die Mücken verloren habe, verdiene ich ein großes Frühstück.

Nach einer Stunde Fahrradfahrt werde ich im nächstgrößeren Ort fündig. Das Bistro, bei dem ich Halt mache, empfiehlt das Gericht „Mom's Mess" (Muttis Durcheinander). Das zerschredderte Rührei mit Hackfleisch, Paprika und Zwiebeln sieht gewöhnungsbedürftig aus, schmeckt mir aber wunderbar. Sicherlich würde mir aber heute alles gut schmecken. Als ich in Ruhe esse, stelle ich überrascht fest, dass es erst 7:30 Uhr morgens ist. Mir fällt plötzlich ein, dass ich entweder heute Morgen oder gestern Abend in eine neue Zeitzone gefahren sein muss. Nun bin ich nicht mehr in der Zeitzone der Ostküste, sondern in der *Central Time*-Zeitzone. Ich staune wie irrelevant die tatsächliche Uhrzeit sein kann, wenn man sich nach dem Sonnenuntergang richtet. Das bedeutet auch, dass ich auf jeden Fall genug Zeit habe, die Route durch die Indiana Dünen zu nehmen.

Die Dünen befinden sich in einem hierfür geschaffenen Nationalpark entlang des Michigan Sees, einem weiteren der Großen Seen. Etwa zwei Kilometer breit und stolze zwanzig Kilometer lang ist der Nationalpark, der sich entlang des Seeufers erstreckt. Die vierzig Quadratkilometer bestehen allerdings nicht nur aus Sandbergen. Die Straße führt vor allem durch Wälder und Sumpfgebiete. Umso schöner sind aber die tatsächlichen Dünen, die ich nahe des Seeufers entdecke. Die zehn Meter hohen Sandberge laden förmlich zum Erkunden ein. Hohe Büschel grünen Grases wachsen aus dem beigen Sand empor. Mit dem grauen Blau des Wassers verleihen die sanften Pastellfarben der Landschaft ein weiches, malerisches Erscheinungsbild. Nur das Plätschern der Wellen und Vogelgesang mischen sich zu einem gleichmäßigen Hintergrundgeräusch.

Als ich meine Kekse esse, wandert mein Blick gespannt entlang des Ufers in weite Ferne. Kann ich vielleicht schon Chicago sehen? Durch die Krümmung der Küstenlinie ist die Aussicht unheimlich gut. Und tatsächlich! Weit entfernt nimmt ein kleiner Abschnitt der Küste eine dunkel graue Farbe an und ich kann winzige vertikale Striche ausmachen. Das sind die Hochhäuser meines zweiten Wochenziels. Gleichzeitig fällt mir auf, dass auf der rechten Seiten der Dünen in der Mitte der Stadt Michigan City ein großes Kohlekraftwerk steht. Auf der linken Seite des Dünen-Parks sieht es sogar noch grauer aus: Entlang des Ufers drängen sich kilometerweit dünne Stahltürme und breite Betongebäude. Der Ölkonzerns BP betreibt hier eine Reihe von Raffinerien. Insgesamt zwei Drittel ihres Energiebedarfs decken die USA durch die Verbrennung von fossilen Brennstoffen. Atomkraftwerke produzieren weitere zwanzig Prozent der Elektrizität. Die erneuerbaren Energien schaffen es nur dank großer Staudämme auf 13%.

Immerhin kann ich in weiter Ferne die Hochhäuser von Chicago sehen. Seit diesem Tag weiß ich aber: Was am Horizont zu erkennen ist, kann noch sehr weit entfernt sein. In diesem Fall ist Chicago noch 80 Kilometer entfernt. In den ersten Kilometern spenden die hohen Eichen noch kühlenden Schatten, Vögel zwitschern beruhigend und ich fahre wie beflügelt. Doch irgendwann wird aus der einspurigen Straße durch das Grün des Nationalparks eine mehrspuriges Asphalt-Hydra zwischen Industrieparks. Selbst die Nebenstraßen zwischen den Fabriken in der Stadt Gary machen einen trostlosen, gar verlassenen Eindruck: Tiefe Schlaglöcher, breite Risse und abgebrochene Stücke des Seitenstreifens zeichnen die Fahrbahnen der Nebenstraßen, die die Fabriken miteinander verbinden.

Garys Innenstadt macht einen noch schlechteren Eindruck. Inmitten des Stadtkerns stehen vereinzelte Backsteingebäude, deren Fenster mit angenagelten Holzspanplatten ersetzt wurden. Herrenlos und einsam liegen die Häuser im Wind. Und selbst an vielen bewohnten Häusern an der Hauptstraße blättert der Anstrich ab. Auf den noch befahrbaren Parkplätzen sammelt sich Plastikmüll. Ein trauriger Eindruck. Die Innenstadt besteht aus Überresten einer lang zurückliegenden Blütezeit des Stahls. Auch der größte amerikanische Stahlkonzern, die U.S. Steel

Corporation, beschäftigte hier in Gary noch Anfang der 70er Jahre etwa 30.000 Arbeiter. In den 90ern war es nur noch ein Bruchteil. Das Bild des Zentrums zeigt, wie hart die Stadt wirtschaftlich getroffen wurde, als die Stahlindustrie aus den USA abgewandert ist.

Heute sind die USA der größte Importeur von Stahlprodukten weltweit. Der Stahl und andere Eisenprodukte stammen aus Ländern wie Kanada, Südkorea, Brasilien, Mexiko und China, die zum Teil durch niedrigere Lohnkosten eine billige Produktion aufgebaut haben. Dass Einwohner des Rustbelts und der Stadt Gary den weltweiten Handel als Bedrohung wahrnehmen, ist nicht überraschend. Der Ruf nach Protektionismus, der Abschottung vom internationalen Handel, wird in dem stolzen Land der Marktwirtschaft lauter – und wurde von Trump gehört. Als Konsequenz ordnete der Präsident im März 2018 auf Stahlimporte aus vielen Ländern einen Zoll von 25% an.

Was bringen solche Zölle wirklich? Tatsächlich kann Amerika dadurch einige Vorteile erhaschen. Erstens nehmen die USA effektiv Steuern durch die Zölle ein. Zweitens könnte eine verminderte Nachfrage nach Stahl aus einem so großen Land wie den USA den Weltmarktpreis für Stahl sinken lassen – davon profitieren Autobauer genauso wie Endkunden. Aber Zölle bergen auch große Gefahren. Einerseits haben China und andere Länder viel Munition im Kampf gegen Handelsattacken aus Amerika: Laut des amerikanischen Handelsministeriums ist China das drittgrößte Exportziel von US-amerikanischen Unternehmen. Wenn Peking als Antwort auf Importzölle ihrerseits die Einfuhr von Produkten aus den USA vermindern, trifft das amerikanische Firmen hart. Europa könnte in der EU verkaufte Dienstleistungen von Amerikanern höher besteuern (siehe Facebook in Irland). Selbst wenn Handelspartner nicht zurückschlagen, würden Amerikaner Nachteile erfahren. Denn den durch Zölle erhöhten Preis müssen nun alle Amerikaner bezahlen. Diese Logik betrifft nicht nur Endprodukte *Made in China*, sondern auch Zwischenprodukte. Stahl bietet hierfür ein gutes Beispiel: Diesen benötigen die Autofabriken um Detroit. Sobald der Stahl teurer wird, würde auch der Preis der amerikanischen Autos steigen, was wiederum einen immensen Nachteil auf dem Weltmarkt bedeutet. Angestellte von Ford und GM könnten also ihren Job verlieren.

Aber diese Gefahren wirken für viele Menschen zu diffus oder indirekt. Gleichzeitig werden Vorteile der Globalisierung selten als solche anerkannt. Dabei gibt es viele Gewinner in den USA: Firmen wie Microsoft, Google und Facebook können weltweit ihre Produkte und Dienstleistungen anbieten und Konzerne wie Apple und Boeing profitieren durch internationale Lieferketten. Für Programmierer und Ingenieure in den USA lohnt sich diese weltweite Arbeitsaufteilung. Die Regierung muss lediglich sicherstellen, dass alle Amerikaner gleich vom Nutzen des Welthandels profitieren können – sei es durch Bildung oder durch Umverteilung der Einkommen. Beides sind keine Prioritäten für Herrn Trump.

Letztendlich entscheide ich mich gegen die Abenteuerfahrt durch die Industrielandschaft um Gary und fahre auf geradem Weg in die Metropolregion Chicagos hinein. Für den Rest des Tages teile ich das Schicksal der Stadtbewohner und ärgere mich über unzählige Ampeln, plötzlich verschwindende Seitenstreifen, verrückte Autofahrer und Schlaglöcher. Die Großstadt hält einige Abenteuer für mich bereit.

Ruhe vor dem Sturm am Erie See in Erie Pennsylvania

Raffinerien und Schwerindustrie in Gary, Indiana

Jeff und einer seiner Hunde vor ihrem Wohnwagen

Heartland mit Herz
(953 Kilometer)

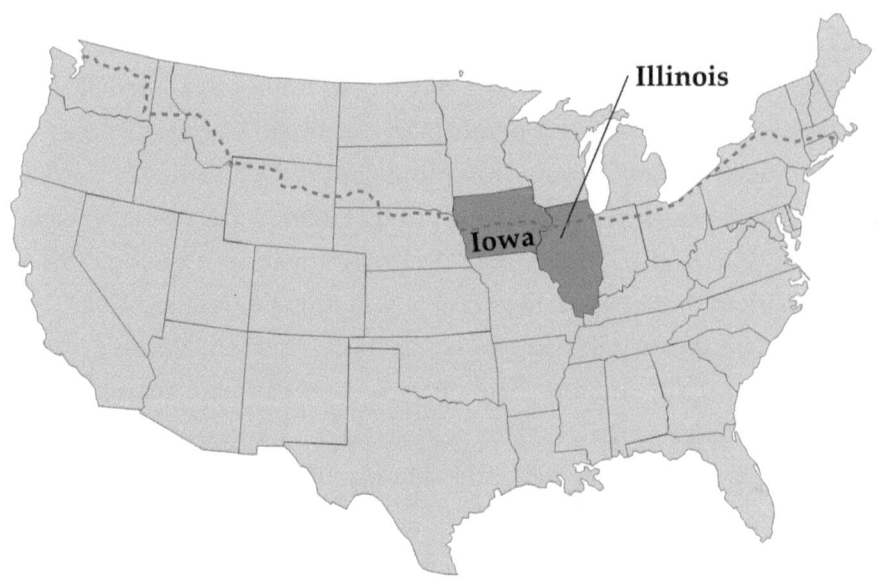

Tag 13, Teil 2 - Chicago, Illinois (1.654 km.)

Obwohl ich längst Chicagos Stadtgrenze passiert habe, trennen mich immer noch vierzig Kilometer von meiner Gastfamilie, die in einem Vorort westlich der Innenstadt wohnt. Ich muss einmal quer durch die Stadt. Große Gedanken mache ich mir über die Route nicht – ich folge Google Maps blind. Warum auch nicht? Auf der Höhe der University of Chicago biege ich von einem Fahrradweg entlang des Sees ab und folge den Straßen in westliche Richtung. Noch wirkt alle ganz normal. Nach einigen weiteren Kilometern beginnt nun der breite Garfield Boulevard, der immer tiefer in den Großstadtdschungel führt. Der Boulevard verläuft auch an den Bezirken Englewood und Fuller Park vorbei. Genau genommen bildet die Straße die Demarkationslinie zwischen diesen beiden Bezirken. Fuller Park liegt rechts von mir, Englewood links. Nun merke ich, dass etwas ganz anders ist als in den letzten Wochen. Als ich an einer Tankstelle anhalte, um Wasser zu kaufen, mustern mich Passanten äußerst intensiv. Der Laden der Tankstelle liegt hinter schweren Gittern und ich muss die Flasche Wasser durch ein kleines Fenster entgegennehmen.

Erst nach meiner Fahrradtour recherchiere ich über diese Bezirke: Laut offizieller Angaben weist Fuller Park aus 77 Bezirken Chicagos die höchste Rate von Schwerverbrechen auf. Englewood folgt auf Platz drei. In Englewood alleine summierten sich 2013 mehr als 4.000 schwere Verbrechen (Überfall, Einbruch, Vergewaltigung, Brandstiftung, Körperverletzung und Mord). Das sind mehr als zehn Schwerverbrechen am Tag und 22 Morde im Jahr – in einem Gebiet von etwa zwei mal vier Kilometern und etwa 30.000 Einwohnern. Auch wirtschaftliche Kennzahlen sprechen eine eindeutige Sprache. Eine Familie in Fuller Park muss im Durchschnitt mit etwa 1.150 Euro im Monat leben und die Arbeitslosenquote liegt bei 40%. Die Zahlen für Englewood sind kaum besser. Hier herrscht greifbare Armut, aber das fällt mir in diesem Maße nicht ins Auge. Hohe Armut ist auch nicht der Grund, warum ich so intensiv gemustert werde. In Englewood leben zu 97% Menschen mit schwarzer Hautfarbe, in Fuller Park etwa 92%. Den Rest stellen vor allem Latinos. Die Stadtteile gehören zu einer ganzen Reihe von Bezirken entlang des Garfield Boulevards, die zusammenfassend der „Black Belt" (schwarzer Gürtel) genannt werden. Als ich von dem Fahrrad an der Tankstelle absteige, weiß ich nichts von der hohen Kriminalität. Ich sehe allerdings sehr wohl, dass ich der einzige Weiße weit und breit bin. Und obwohl mir nie etwas Schlechtes durch eine schwarze Person widerfahren ist, ist mir etwas unwohl.

Um einem System der Unterdrückung im Süden zu entkommen, das durch sogenannte Jim-Crow-Gesetze fest in die Gesellschaft verankert war, und um in den wachsenden Städten im Norden Arbeit zu finden, zogen Millionen von Schwarzen aus dem ländlichen Süden in Städte wie Chicago. Laut der Chicago Historical Society waren um 1900 kaum zwei Prozent der Bevölkerung Chicagos afroamerikanisch. Ab 1910 stieg der Zuzug rasant an, sodass Ende der 60er Jahre 25% aller Chicagoer schwarz waren. Aber auch in den Städten des Nordens wurden Schwarze diskriminiert. Im Chicago der Zwischenkriegszeit durften Menschen mit schwarzer Hautfarbe nur in etwa 20% der Stadtfläche ziehen – Vermieterverbände hatten sich abgesprochen. Erst mit dem Civil Rights Act in 1964 wurde jegliche offizielle Diskriminierung wegen Hautfarbe endgültig verboten. Der wirtschaftliche Wandel jedoch hielt sich nicht an das Gleichstellungsgesetz: Als die Städte des *Rustbelts* Arbeitsplätze verloren, gerieten besonders schwarze Familien in eine Armutsspirale.

Die Nachbeben spürt die schwarze Bevölkerung heute noch. Bei der Wohnungssuche und der Bewerbung um Arbeitsplätze benachteiligt latenter Rassismus junge Schwarze. Rassismus spielt zweifellos eine Rolle in manchen Fällen von Polizeigewalt. Eine Studie im Auftrag Chicagos Bürgermeister beschrieb sogar, dass die Polizei von Chicago „kein Respekt für die Unantastbarkeit des Lebens habe, wenn es sich um schwarze Chicagoer handelt." Kaum verwunderlich also, dass auch in meiner Generation noch Spannungen zwischen Menschen mit unterschiedlicher Hautfarbe bestehen. Selbst an meiner Uni bestimmt die

Hautfarbe den sozialen Umgang. Meine gute Freundin Sabrina, eine schwarze Studentin, lernte ich beim Karatetraining kennen. Über unsere jeweiligen Freundeskreise wären wir niemals in Kontakt gekommen.

An der Tankstelle fülle ich das Wasser in meine Flaschen und esse etwas von meiner Schokolade. Ich werde weder erschossen, noch ausgeraubt. Bald lösen sich die Blicke von mir und ich werde einfach ignoriert. Viel gegenseitiges Vertrauen ist verloren gegangen, es gibt aber Grund genug, Vertrauen nicht gänzlich zu verlieren.

Am Freitagabend schon und drei Tage früher als ursprünglich geplant erreiche ich meine Gastfamilie in Hinsdale, einem Vorort von Chicago. Hier beherbergen mich die Eltern eines ehemaligen Teamkollegen der Rudermannschaft, obwohl – ähnlich wie eine Woche zuvor – zufällig auch mein guter Freund aus Chicago, Dean, derzeit nicht zuhause ist. Joan und Jeb nehmen mich trotzdem auf, vielleicht auch weil ich sie bereits an der Uni kennenlernen konnte. Die beiden kamen damals sowohl ihren Sohn als auch ihre ehemalige Uni besuchen. Joan und Jeb haben nämlich auch an der Brown studiert. Sie haben sich dort sogar kennengelernt. Umso herzlicher nehmen sie mich in Empfang, als ich am Abend an ihrer Haustür klingele.

Tag 14 - Chicago, Illinois (1.694 km.)

Chicago wirkt nach den anstrengenden zwei Wochen vor allem komfortabel auf mich. Ich wache in einem weichen Bett auf, habe nur wenige Schritte zum Bad und Jeb hat bereits eine Kanne Kaffee gekocht. Mit so einem guten Start in den Tag freue ich mich auf ein entspanntes und dennoch spannendes Wochenende. Es gilt einiges zu entdecken! Zunächst hüpfe ich in die S-Bahn in dem ruhigen Vorort Hinsdale. Stolze 50 Minuten fährt die Bahn geradewegs in die Innenstadt. Sicherlich löst es Stress aus, wenn sich morgens um 8:00 Uhr vier fremde Menschen einen Quadratmeter in der Bahn teilen müssen. Allerdings weiß ich zu schätzen, dass 30 Kilometer Großstadtdschungel am Fenster vorbeirauschen, ohne einen müden Muskel bewegen zu müssen.

Chicago strotzt vor öffentlicher Kunst. So sind neben dem berühmten „cloud gate" des Künstlers Anish Kapoor (eine hochpolierte über-dimensionierte Metallbohne) auch Skulpturen von Pablo Picasso und Joan Miro frei zugänglich. Immer wieder entdecke ich etwas, als ich durch die Häuserschluchten schlendere. Das Häusermeer selbst ist auch beein-druckend. Glänzendes Glas, polierter Stahl und verputzter Beton türmen sich hunderte Meter über mir auf. Und selbst die anonym wirkenden Wolkenkratzer haben Geschichte: Im Jahre 1871 wütete ein verheerender Großbrand in Chicago und zerstörte viele Gebäude der Stadt. Der frei gewordene Platz ermöglichte es Architekten zu experimentieren. So waren sie am Ende des 19. Jahrhunderts die ersten, die Stahlträger in Gebäuden verbauten. Das ermöglichte erst den Bau von modernen Hochhäusern.

Ich nehme den Crashkurs in Hochhausarchitektur zum Anlass, Anya, die ja Architektur studiert, ausführlich zu schreiben. Denn in der vergangenen Woche hatten Anya und ich fast gar keinen Kontakt. Sicherlich hatten wir beide in den letzten Tagen einfach nur wenig Zeit. Andererseits haben wir uns bereits in den vergangenen Wochen kontinuierlich immer weniger ausgetauscht. Das liegt sicherlich auch daran, dass wir uns am Ende des Semesters verabredet haben, keine Fernbeziehung zu versuchen. Ich ziehe schließlich für unbestimmte Zeit nach Deutschland und Anya möchte nach dem Studium eine Karriere in Los Angeles beginnen. Auch wenn ich nach der Fahrradtour für wenige Tage nach Providence zurückkehre, verpassen wir uns. Wir wissen nicht, wann und ob wir uns überhaupt wiedersehen. Umso mehr freue ich mich darüber, dass Anya mir prompt antwortet: Sie finde es schade, dass sie die Wandertour durch Chicagos Architektur nicht mit mir machen kann. Immerhin würde ich nach vier Jahren Uni endlich mal was Vernünftiges lernen! Ich solle die Stadt genießen und unbedingt in das Kunstmuseum gehen.

Auch Joan, als studierte Kunsthistorikerin, hat mir das *Art Institute of Chicago* sehr ans Herz gelegt. Man könnte denken, dass ich nach zwei

Wochen harter, körperlicher Arbeit und mangelnder Hygiene keine Lust auf ein Kunstmuseum habe. Das Gegenteil ist der Fall. Farben in Landschaftsportraits leuchten intensiver und Gemälde von einsamen Wanderern strahlen eine größere Bedeutungskraft aus. Ein Bild hat es mir besonders angetan: „American Gothic" von Grant Wood.

In Woods Gemälde stehen ein Farmer mit Mistgabel und seine Tochter in der Bildmitte frontal dem Betrachter gegenüber. Die Personen befinden sich vor einem weiß gestrichenen Holzhaus, beide tragen einfache handgefertigte Kleidung. Das Porträt konfrontiert die urbane Welt des Betrachters mit dem ländlichen Iowa im Jahre 1930. Gerade deswegen hat kaum ein anderes amerikanisches Gemälde so eine Popularität erlangt wie „American Gothic". Kein anderes Gemälde verkörpert so gut den Konflikt zwischen dem ländlichen und dem städtischen Amerika. Das liegt vielleicht auch daran, dass man das Bild vielseitig deuten kann: Ein Stadtbewohner, selbst einer aus dem Jahre 1930, kann die Personen auf dem Bild als hinterwäldlerisch verstehen und Woods Gemälde als herablassende Darstellung des ländlichen Lebens interpretieren. Für andere symbolisiert das Bild ein einfaches und zufriedenes Leben, das im Gegensatz zu der beginnenden Wirtschaftskrise der 30er Jahre steht.

Ich finde es spannend, weil das Bild in Iowa entstand und ich genau diesen Bundesstaat als nächstes durchqueren werde. Was für Leuten werde ich in Iowa begegnen? Was für ein Leben führen sie?

Tag 15 - Chicago, Illinois (1.694 km.)

Vor meinem inneren Auge toben in der Nacht Katastrophen. Ich stehe auf einer einsamen Straße in einer Kleinstadt und sehe, wie ein Tornado unaufhaltsam auf mich zu rollt. Ich liege benommen in meinem Schlafsack und höre, wie die Tatzen eines schweren Tieres kleine Äste neben meinem Zelt zerbrechen. Ich sehe in der Ferne, wie weiße Lichtkegel eines Pick-ups auf einer dunklen Landstraße immer schneller auf mich zu rasen. Immer noch nervös und schnell atmend wache ich auf. Solche Träume plagen mich häufiger in den letzten Wochen. Dass ich gerade heute wieder einen Alptraum hatte, wundert mich nicht. Viele der Gefahren, seien es wilde Tiere oder verlassene Landstriche, liegen noch vor mir. Außerdem bildet Chicago für mich einen „Point-of-no-return", eine letzte Wendemöglichkeit. Wäre in den ersten zwei Wochen etwas passiert, hätte ich in Chicago leicht das Flugzeug oder den Zug zurück zur Ostküste nehmen können. Natürlich gibt es auch regionale Flughäfen in den folgenden Bundesstaaten und die größere Stadt Des Moines liegt ebenfalls auf meiner Route. Der nächste Ort aber, in dem eine Bekannte wohnt, liegt stolze dreieinhalbtausend Kilometer westlich von hier. Die nächste Stadt mit internationalem Flughafen und einem deutschen Konsulat ist Seattle. Tief in mir weiß ich: Wenn ich morgen aus Chicago abfahre, dann werde ich mich bis nach Seattle durchkämpfen.

Auch meiner Familie erzähle ich bei einem Skype-Telefonat davon, dass Chicago mein letzter, sicherer Anlaufpunkt vor Seattle ist. Bisher habe ich gerade meinen Eltern gegenüber meine eigenen Zweifel zurückgehalten. Heute rutscht mir heraus, dass ich selbst etwas nervös bin, aus Chicago abzufahren. Es tut mir leid, dass ich meine Eltern damit belaste. Besonders ein Foto, das ich mit anderen gestern auf Facebook hochgeladen habe, gehe meiner Mutter nicht aus dem Kopf. Auf diesem Bild sieht man die von dem vielen Regen überschwemmte Umgehungsstraße bei der Stadt Defiance in Ohio.

„Ich habe auch den Omas das Foto gezeigt", sagt meine Mutter in die Laptopkamera.

„Wir finden, dass du dir ruhig öfters ein Hotel buchen solltest – gerade bei schlechtem Wetter."

Ich versichere meiner Mutter, dass ich mir in den letzten Wochen oft ein Hotelzimmer genommen habe. Genau genommen möchte ich allerdings ab Chicago lieber öfters im Zelt schlafen, denn in den vergangenen Wochen habe ich einen großen Teil meines Budgets in Hotelzimmer investiert. Aber auch andere Sorgen umtreiben meine Familie. Eine Großmutter berichtet, sie könne aus Sorge schlecht schlafen. Besonders der Gedanke daran, ich könne von einer Schlange gebissen werden, hält sie wach. Mein Vater teilt vor allem meine Angst vor einem Unfall. Die andere Oma fragt mich besorgt, ob ich auch genug zu essen bekomme. Natürlich versichere ich ihr, dass ich in Supermärkten alles finden kann, was ich brauche. Das stimmt natürlich auch. Dabei ist die Angst meiner Oma gleichzeitig nicht unbegründet. In den ersten zwei Wochen habe ich von meinen 78kg Körpergewicht knapp drei Kilo verloren. Etwa 1.000 Kilokalorien fehlen mir pro Tag. Umso mehr freut sich meine Familie mit mir, dass ich bei Joan und Jeb gut versorgt werde. Nach dem Gespräch mit meiner Familie zieht mich allerdings nicht das Frühstück, sondern der Morgenkaffee in die Küche im Erdgeschoss des Hauses. Jeb, der Gastvater sitzt auch schon Zeitung lesend auf der Veranda. Er hört mich im Haus und ruft mir zu, ich möge ihm doch bei einer Tasse Kaffee Gesellschaft leisten. Das lasse ich mir nicht zweimal sagen.

Jeb strahlt große Ruhe aus. Dicke Augenbrauen umrahmen seine tiefen Augen, kurze graue Haare begrenzen seine hohe Stirn, die das längliche Gesicht ergänzt. Gleichzeitig wirkt sein Gesicht dank seiner hohen, hervorstehenden Wangenknochen so, als ob er permanent etwas lächelt. Er macht den Eindruck eines weisen Lehrers. Umso natürlicher sprudeln aus mir Fragen heraus, die ich mir spätestens seit dieser Fahrradfahrt stelle. Ich frage Jeb nach dem Grund dafür, dass er und seine Familie mir so viel Gastfreundschaft entgegenbringen und ich in anderen Gegenden nicht einmal trotz freundlicher Nachfrage auf einem Acker zelten darf. Jeb lächelt und sagt nach einem kurzen Moment:

„Ach weißt du, Vincent, viele Amerikaner trauen einander einfach nicht. Sie identifizieren sich nicht miteinander. Gerade vor Dingen und Leuten, die sie nicht kennen, haben Leute einfach zu einem gewissen Grad Angst."

Und dennoch feiern Amerikaner ihre Einheit mit unglaublichem Patriotismus. Beispielsweise bin ich kurz vor Cleveland an der Stadt Eastlake vorbeigefahren. Dort säumen exakt 500 USA-Flaggen die Auffahrt zum Rathaus und zum anliegenden Denkmal für gefallene

Soldaten. Was die Farben rot, blau, weiß und ein paar Sternchen trägt, das findet man gut und wird nicht hinterfragt. Das merke ich am eigenen Leib: Neben einem langärmligen Sport T-Shirt, habe ich ein Fahrradjersey mit einem fetten „USA"-Schriftzug auf dem Rücken dabei – natürlich in passender blauen Farbe. Ich überrasche mich selbst jedes Mal, was für eine Wirkung das Fahrradshirt erzielt: Die Autos halten einen größeren Sicherheitsabstand und Leute winken mir freundlich zu. Anstatt des Mittelfingers zeigt man mir den erhobenen Daumen. Dass sich der Patriotismus leicht instrumentalisieren lässt, ist aber nicht erst mir aufgefallen. Man denke nur daran, dass die beiden Komikfiguren Captain *America* und auch Donald Duck tapfer gegen Nazis gekämpft haben.

Meine Gastfamilie hat zu mir glücklicherweise bedingungsloses Vertrauen. Jeb und Joan leihen mir kurzerhand das große Familienauto, damit ich meinen Drahtesel aus der Werkstatt abholen kann. Gleich am Freitagabend hatte ich das Fahrrad dorthin gebracht. Die Kette und die Reifen waren bereits stark abgefahren und mussten ausgetauscht werden. Nun sind meine Reifen mit 32 mm Breite deutlich schmaler als die alten mit 42 mm. Generell eignen sich schmalere Reifen besser für das Fahren auf Asphalt, man verliert auf Sandwegen aber schneller Kontrolle über das Rad. Diese Entscheidung würde ich noch an einigen Tagen in den westlichen Bundesstaaten bereuen. Zurück bei der Gastfamilie säubere ich das Fahrrad gründlich und schnalle alle Taschen an den Rahmen. Das Fahrrad ist wieder einsatzbereit.

Tag 16 - Chicago, Illinois (1.694 km.)
Die Route aus der Stadt stellt sich als genauso anstrengend heraus, wie jene, die in die Stadt hereinführt. Ein Vorort von Chicago folgt auf den nächsten. Obwohl ich bereits außerhalb Chicagos gestartet bin, dauert es noch eine stolze Stunde bis sich das Häusermeer und die Industrieparks langsam lichten.

Sehr stur fahre ich dunklen Wolken entgegen. Mein Blick ist nach vorn gerichtet und da bleibt er auch. Selbst wenn ich mal zu den schwarzen

Wolken, die vor mir aufziehen, hochschaue, übernimmt bedingungsloser Trotz mein Bewusstsein.

„Ist uns doch egal. Fahr weiter!" dröhnt mein Unterbewusstsein in mein Ohr. Ohne einen weiteren Gedanken zu verschwenden senke ich den Blick wieder. Ist mir doch egal. Ich fahre weiter. Die ersten zwei anstrengenden Wochen haben nicht nur meine Beine gut trainiert, sondern haben auch meine geistige Belastbarkeit erhöht. Bereits jetzt habe ich etwas an wichtiger Entschlossenheit und Erfahrung dazugewonnen. Nach Alpträumen und einem Quäntchen Furcht vor der Aufgabe freue ich mich nun sehr auf die nächsten Bundesstaaten. Bis zum Abend treibt meine Motivation mich an, dann wird sie auf die Probe gestellt.

Für die Nacht und den nächsten Morgen kündigt der Wetterbericht heftige Gewitter an. Wieder schlechtes Wetter, auch in der dritten Woche. Am zweiten Tag bin ich bereits vor Gewittern und Regen in ein Hotel geflohen. Auch in Cleveland konnte ich mich noch rechtzeitig in ein Hostel retten. Aber ich will dem schlechten Wetter nicht mehr entkommen, Ausreden ausdenken und in Hotels einchecken. Ab jetzt trotze ich dem Wetter in meinem Zelt. Ich entscheide mich, auf dem Campingplatz im Starved Rock Staatspark zu zelten. So spare ich Geld und kann über mich selbst und meine Gemütlichkeit hinauswachsen. Ich bin bereit. Aber kann mein Zelt dem Gewittersturm standhalten?

Tag 17 - Starved Rock State Park, Illinois (1.828 km.)

Gewitter und Platzregen fegen nachts lange über den Campingplatz am Illinois Fluss hinweg. Trotzig liege ich auf meiner Luftmatratze im Zelt und versuche einzuschlafen. Der Regen trommelt nun immer lauter und lauter auf das Zeltdach. Nur eine dünne Zeltwand und etwas Zeitungspapier, das ich auf das Moskitonetz gelegt habe, trennen mich und alle meine Sachen vor dem Platzregen. Auch der Sturm rüttelt immer aggressiver an meinem Zelt. Als ob dem nicht genug sei, erhellt alle dreißig Sekunden ein Blitz mein gelbes Zelt, sodass für eine knappe Sekunde um mich herum alles in einem grellen Neon-gelb aufleuchtet.

Die Naturkräfte toben und wüten. Noch aber bin ich trocken, noch bäumt sich das Zelt gegen den Sturm auf. Und irgendwann nimmt die Erschöpfung bei mir doch überhand. Für zwei Stunden kann ich schlafen.

Kurz nach Mitternacht wache ich dann noch einmal auf. Es regnet nicht mehr und über den Campingplatz hat sich eine gespenstische Ruhe gelegt. Auch die Lichtverhältnisse wirken unheimlich: Obwohl der Mond nun die Waldlichtung in ein schummeriges Licht taucht, zucken in der Ferne immer noch Blitze. Als ich über den Zeltplatz schlendere, freue ich mich darüber, dass ich trotz des Gewitters gezeltet habe. Auch das Zelt hat dem Wetter im Großen und Ganzen gut standgehalten. Dennoch ist ein Teil meiner Kleidung am Fußende und auch die Zeitung zwischen dem Moskitonetz und der Zeltwand nass geworden. Am nächsten Morgen kann ich zwar den Schlafsack, meine Kleidung und das Zelt etwas an der Luft trocknen, am besten rüste ich aber vor dem nächsten Sturm noch einmal nach.

Am frühen Abend erreiche ich nach 160 Kilometern Fahrt einen Meilenstein meines Abenteuers. Am Rande der Stadt Moulin in Illinois erkenne ich bereits aus einiger Entfernung die hellgrauen Stahlbögen einer langen Brücke. Die Brücke verbindet nicht nur die Bundesstaaten Illinois und Iowa. Unter ihr fließt auch ein Mythos – der mächtige Mississippi. An dieser Stelle – etwa 1.000 Kilometer Luftlinie bis zur Flussmündung im Golf von Mexiko entfernt – ist der Fluss stolze 400 Meter breit. Diese Stelle erinnert allerdings weder an Szenen aus dem Roman *Huckleberry Finn*, noch an die südlichen Bundesstaaten, wo Raddampfer ihre Runden auf dem Fluss drehen. Auf beiden Seiten des Ufers überwiegt hier das Grau von Beton und Stahl – dazwischen das Braun des Flusses, unscheinbar und wenig einladend. Dennoch fühle ich neben den Vibrationen des Feierabendverkehrs ein besonderes Kribbeln bei der Überquerung der Brücke.

Denn der Mississippi Fluss hat nicht nur für meine Reise, sondern auch für die Geschichte der USA eine besondere Bedeutung. Lange trennte er die jungen Vereinigten Staaten, die aus den britischen Kolonien hervorgegangen waren, von den spanischen und französischen Anspruchsgebieten im Westen des Kontinents. Der Mississippi war die Grenze der Zivilisation. Erst 1803 kauften die USA von den Franzosen die Louisiana Kolonie. Diese erstreckte sich vom Golf von Mexiko im Süden bis zu der heutigen kanadischen Grenze im Norden und von den Rocky Mountains im Westen bis zum Mississippi Fluss im Osten. Die USA verdoppelten so fast ihre Landesfläche. Auch der Fluss selbst hat amerikanische Dimensionen. Mit mehr als 3.700 Kilometern ist der Fluss, der ausschließlich auf US-amerikanischen Territorium fließt, beispielsweise deutlich länger als die Donau mit 2.800 Kilometern.

Der größte Unterschied zwischen den Ufern besteht nur darin, dass mein Telefonnetzbetreiber, einer der größten der USA, nun kein Mobildatennetz mehr bereitstellt. Für 2.700 Kilometer zwischen den Bundesstaaten Iowa und Washington bin ich fünfzehn Jahre zurückgeworfen. Zwischen dem Mississippi Fluss und dem Bundesstaat Washington kann ich zwar durch Partnernetze telefonieren und SMS schreiben, aber Mobildaten stellen die Partnernetze nicht bereit. Auf Facebook und Co. kann ich für ein paar Wochen verzichten, aber mir hat Google Maps bei der Navigation enorm geholfen. Ab jetzt bin ich auf WLAN-Netze und Ortskenntnisse von Einheimischen angewiesen. Auf der anderen Seite des Mississippi wartet also etwas Unbekanntes.

Tag 18 - Davenport, Iowa (1.986 km.)

Amerikaner haben für die Bundesstaaten Iowa, Süd- und Nord Dakota, Nebraska und Kansas verschiedene Bezeichnungen. Meine WG-Mitbewohner Ethan und Mason, die beide aus Kalifornien stammen und stets mit dem Flugzeug nach Providence gereist sind, spotten gerne über diese Staaten als *flyover states*. Über diese langweiligen Staaten könne man schließlich nur hinüberfliegen – so ihre Überzeugung. Ein verwandter Spitzname lautet *great plains* (großes Flachland). Auch diese Bezeichnung suggeriert ein Bild von flachen, öden und eintönigen Landstrichen. Sprüche wie „Naja, im Flachland gibt's nicht viel zu sehen, dafür kommst du mit deinem Fahrrad bestimmt gut voran!", habe ich oft gehört – zuletzt in Chicago. Für viele bilden Bundesstaaten wie Iowa aber auch das *heartland* (Kernland, oder Herz des Landes). Für die Bewohner der Küstenregionen symbolisieren die Bundesstaaten in der geografischen Mitte des Landes nämlich das ursprüngliche Leben der ersten Siedler. Amerikaner assoziieren mit den Menschen Iowas und deren durch Landwirtschaft geprägtem Leben die Werte von harter Arbeit und Bodenständigkeit. Auf diese Menschen bin ich sehr gespannt. Werde ich wirklich den bescheidenen und freundlichen Menschen in Iowa begegnen?

In der ersten Stunde auf dem Sattel begegne ich vor allem dem dichten Morgenverkehr in Davenport. Einige besonders gestresste Autofahrer hupen mich aus, sobald die Ampel auf Grün springt und ich nicht schnell genug beschleunige. Vielleicht ist das meine Schuld, schließlich trage ich heute wegen des kalten Nieselregens meine Regenjacke, sodass das „USA"-T-Shirt nicht zum Vorschein kommt. Allerdings enttäuschen mich diese Vorfälle auch. Denn mit bodenständigen Farmern haben die hupenden Autofahrer in ihren weißen Hemden nichts gemein. Aber die Wirtschaft Iowas hat sich weiterentwickelt und der Staat hängt nicht mehr vollkommen von der Landwirtschaft ab. Das Banken- bzw. Versicherungswesen, sowie das Baugewerbe machen in vielen Bundesstaaten der Mitte jeweils etwa 10% des Bruttosozialproduktes aus. In Iowa beispielsweise steuern auch IT-Riesen zu dem Wirtschafts-aufkommen des Bundesstaates mit dem Aufbau von großen Datenzentren bei.

Nichtsdestotrotz erwirtschaftet Iowa mit der Landwirtschaft das meiste Geld. Kein anderer Bundesstaat produziert so viele Schweine wie Iowa. Und die Viehzucht kann ich riechen. Zwischen Davenport und Iowa City riecht es an einer Stelle besonders intensiv. Wo kommt der Gestank her? In einiger Ferne sehe ich nur eine Sammlung von Gebäuden und dahinter Felder, die in uneinheitlichen Brauntönen hervorstechen. Als ich mich den seltsam aussehenden Feldern nähere, wird der Gestank immer penetranter und zunehmend wird die braune Fläche immer gepunkteter. Ich beginne zu begreifen, dass sich dort Tausende von Rindern auf einer großen Fläche tummeln. Hier kommt der Gestank also her. Ich traue meinen Augen kaum: Wenn ich jetzt von der Straße aus nach rechts schaue, sehe ich nichts als Rinderherden. Neugierig nehme ich die Abfahrt von der Bundesstraße und steuere die Sammlung von Gebäuden an.

Zwei stämmige Männer in identischen Arbeitshosen gehen gerade in das Gebäude auf der linken Seite. Als ich näherkomme, drehen sich ihre Köpfe zu mir um und zwei Paar müde Augen mustern mich beiläufig. Sofort frage ich nach etwas Wasser, um ins Gespräch zu kommen. Bevor sich der jüngere Mann von beiden wieder umdreht, nickt er kurz und gestikuliert mit seiner Hand, dass ich in das Gebäude kommen solle. Ich lehne mein Fahrrad an die Hauswand aus weißem Wellblech und folge den Männern in das Haus. In dem Bungalow-gebäude verbergen sich einige vollausgestattete Büroräume – samt grauer Auslegware und modernen Computern.

„Ja, wir haben viele Rinder auf diesem Betrieb. Bei großen Mastbetrieben wie diesem gehören die Tiere normalerweise verschiedenen Besitzern. Unsere alle gehören aber drei Brüdern aus Sioux City."

„Und wie viele Tiere haben Sie denn hier?", erkundige ich mich.

„Im Moment haben wir etwa 28 Tausend."

Die Kleinstadt Ratzeburg, aus der ich stamme, hat etwa 13 Tausend Einwohner. Hier werden doppelt so viele Tiere gemästet als in meiner Heimatstadt Menschen leben. Die Zahlen beeindrucken mich. Ich frage, ob ich mich wohl ein wenig umsehen könnte, um die Ausmaße besser zu verstehen.

Der junge Mann schmunzelt und sagt:

„Nein, das hier ist ein großer Industriebetrieb. Da kann man nicht so einfach rumlaufen. Aber wenn du Lust hast, kann ich dich in einem Pick-up Wagen rumfahren." Mit Freude nehme ich das Angebot an. Wir steigen in einen der vier weißen Ford Pick-ups, die am Hauptgebäude stehen und fahren auf eine zweispurige Asphaltstraße, die quer durch den Betrieb verläuft. Auf beiden Seiten der Straße gehen Lehmstraßen ab, an denen die Gehege der Rinder angeordnet sind. Jeweils etwa sieben oder acht Rinder stehen in einer Zelle, die durch Stahlstreben begrenzt wird und etwa dreißig Quadratmeter misst.

„Wofür sind denn die Metallrohre über den Zellen?", frage ich den Mann.

„Das ist die Wasserversorgung. Das Wasser läuft direkt in die Tränken. An heißen Sommertagen können wir auch per Knopfdruck Löcher in den Rohren öffnen. Dann duschen wir die Tiere, damit ihnen nicht zu heiß wird."

Das Gelände ist enorm groß. Selbst an den Ecken des Areals kann man nur schwierig das Ausmaß des Betriebes überblicken, weil immer Teile der Herde hinter Anhöhen versteckt sind.

Der Mann erkennt wohl, dass ich beeindruckt bin.

„Ungewöhnlich sind diese großen Betriebe aber eigentlich nicht", erklärt er mir.

„Auch die Schweinezuchten sind oft sehr groß, aber die meisten Produktionen liegen nicht direkt an den Hauptstraßen, sondern befinden sich etwas verborgen ein paar Kilometer von der Hauptstraße entfernt. Gerade bei Schweinen ist das auch gut so: Die stinken nämlich!" Ich frage mich, ob der Mann auch schon einmal auf dem eigenen Betrieb durch die Nase geatmet hat. Sicherlich hat er sich einfach nur an den Geruch von Rindern gewöhnt.

Dieser Fokus auf die Landwirtschaft bedeutet aber keinen direkten wirtschaftlichen Nachteil für den Bundesstaat. Iowa und der Nachbarstaat Nebraska liegen im Mittelfeld der Bundesstaaten hinsichtlich der pro-Kopf Wirtschaftskraft. Das erklärt sich vor allem dadurch, dass die landwirtschaftlichen Betriebe eben keine kleinen romantischen Bauernhöfe sind, sondern große Industriebetriebe wie dieser einer ist. Und deren Angestellte sind dementsprechend auch keine

Landwirte im klassischen Sinne. In dem Verwaltungsgebäude aus Wellblech sitzen Buchhalter und Betriebsleiter, das Unternehmen beschäftigt spezialisierte Tierärzte, Mechaniker, Verkäufer und Transporteure. Ebenso verarbeitet Iowa Erzeugnisse direkt im Bundesstaat und so verlässt der Mais den Bundesstaat nicht in seiner ursprünglichen Form, sondern als Bioethanol, Zuckersirup, Cornflakes oder natürlich als Futtermittel. Mit dem Gemälde „American Gothic", das den Farmer vor seinem eigenen altertümlichen Hof zeigt, hat das moderne Iowa nichts mehr zu tun.

Auch meine ersten Eindrücke von Iowa City, der nächsten größeren Stadt, bestätigen diesen Eindruck. Nicht nur befindet sich in der Innenstadt ein Campus der *Iowa State* Universität, gleich am Ortsrand präsentiert sich Iowa City mit einem großen Schulkomplex. Mit etwa 500 Schülerinnen und Schülern pro Jahrgang lässt die örtliche High-School mein Gymnasium in Ratzeburg weit hinter sich – und auch jedes andere Gymnasium in Deutschland. Aus den großen Zahlen resultiert aber kein Nachteil für die Schüler – die Schule gilt sogar als die beste im gesamten Bundesstaat. Damit bietet diese Schule den Kindern sicher eine viel bessere Perspektive als beispielsweise die öffentlichen Schulen in den armen Bezirken Chicagos wie Englewood und Fuller Park.

Ungleichheit selbst zwischen öffentlichen Schulen hat in den USA System: Laut einer Studie des *National Center for Education Statistics*, einer Einrichtung des Bildungsministeriums, stammten im Schuljahr 2013/14 37% Prozent der Mittel einer durchschnittlichen Schulorganisation aus Grundsteuern des jeweiligen Schulbezirks. Das bedeutet, dass der Wert der Immobilien in dem Bezirk maßgeblich das Budget der hiesigen öffentlichen Schule bestimmt. So musste der am geringsten finanzierte Schuldistrikt der Vereinigten Staaten (Alpine Distrikt in Utah) jährlich mit weniger als 7 Tausend US-Dollar Einnahmen pro Schüler auskommen, während die Schulen hier in Iowa City mehr als 12 Tausend US-Dollar zur Verfügung haben. (Die Schulbezirke mit den meisten Finanzmitteln in Boston und Washington, D.C. kommen sogar auf etwa 30 Tausend US-

Dollar.)

Jenseits von Iowa City weicht die Bildungsoase wieder der grünen Szenerie mit Feldern und futuristisch aussehenden Metallsilos links und rechts der Straße, die sich jetzt regelmäßig wiederholen. Langweilig wird mir nicht. Die Landschaft von Iowa ist – wie oft falsch angenommen und die Bezeichnung *great plains* vermuten lassen könnte – keine flache Ebene. Iowa ist eine Landschaft mit langgezogenen Bodenwellen und damit viel hügeliger als Ohio oder Indiana. Sich regelmäßig wiederholende Auffahrten auf Bodenwellen und neue Aussichten sind Abwechslung genug.

Auch der anhaltenden Regen hält mich auf Trab. Immer wieder Regen, dann abwechselnd Nieselregen, Dauerregen, Starkregen, Platzregen und danach noch mehr Regen. Regen, Regen, Regen! Mittlerweile sitze ich seit einer Stunde an einer Tankstelle fest. Auch ein großer, heißer Kaffee und fünf süße, fettige Donuts können meine Laune nicht heben. Um nicht noch mehr Zeit zu verlieren, fahre ich dennoch weiter und nach kaum fünfzehn Minuten bin ich nass bis auf die Knochen. Der Jacke zum Trotz. Zumindest schwächt sich der Regen nach einer halben Stunde etwas ab und klatscht nicht mehr allzu schmerzhaft ins Gesicht. Außerdem wärmt mich die körperliche Anstrengung wieder auf. Durch die häufigen Stopps habe ich aber am Abend das frustrierende Gefühl, nicht so weit gekommen zu sein wie möglich. Umso entschlossener fahre ich bis zum Sonnenuntergang, als es am Abend endlich trocken bleibt. Jetzt oder nie! Für eine Stunde trete ich kraftvoll in die Pedale und fahre stur geradeaus.

Für 25 Kilometer reichen die Reserven in den stechenden Muskeln. Jetzt bin ich allerdings von größeren Siedlungen und Zeltplätzen weit entfernt. Der Blick nach links und rechts ernüchtert mich: Eingezäunte Felder ohne Zugang zu Wasser laden nicht zum campen ein. Außerdem scheint die Windstille in der letzten Stunde nur die Ruhe vor dem Sturm gewesen zu sein. Direkt vor mir zieht am Horizont eine breite, pechschwarze Wolkenwand auf und verdeckt den orangenen Abendhimmel. Ein bedrohlicher Anblick. Zwar habe ich vorgestern auch auf dem Campingplatz im Starved Rock Staatspark bei Gewitter gezeltet und habe mich dann sogar gefreut, dem Regen getrotzt zu haben. Ebenso habe ich mir eine zusätzliche Plastikplane gekauft, damit ich mich noch besser vor dem Regen schützen kann. Heute zögere ich aber damit, das Zelt aufzuschlagen. Um mich herum befinden sich nur offene Felder. Hier habe ich keinerlei Schutz vor dem Sturm und dem Gewitter. Ich fahre erst einmal weiter.

Nach zehn Minuten Fahrt entdecke ich dann ein einsames Haus am Straßenrand. In dessen Vorgarten kniet eine kleine Frau von etwa sechzig Jahren über einem Blumenbeet. Sie trägt eine alte, helle Bluse und ausgewaschene Jeans. Ihre kurzen, dunkelrot getönten Haare liegen streng am Kopf. Als ich mich nähere, sieht die Dame auf und schaut zu mir herüber. Ich versuche mein Glück und winke ihr zu. Sie schaut etwas verdutzt, winkt aber zurück. „Wunderbar, eine nette Person. Vielleicht kann ich in ihrem Garten etwas vor dem Sturm geschützt zelten", denke ich. Ich halte an und frage sie eben das.

Sie schaut mich ungläubig an, dreht sich dann zu der Wolkenwand um und sagt ohne mit der Wimper zu zucken:

„Das kommt gar nicht in Frage. Der Wetterkanal hat eine Tornadowarnung für unseren Bezirk herausgegeben. Wenn du in meinem Garten zeltest, muss ich morgen aus meinen Büschen ziehen, was nach dem Sturm von dir übrig ist. Darauf habe ich keine Lust." Nun bin ich es, der ein überraschtes Gesicht macht. Die Frau redet weiter:

„Du kannst aber in unserem Keller schlafen." Der nüchterne Pragmatismus der Frau überzeugt mich. Erleichtert stelle ich mein Fahrrad in ihrer Garage ab und gehe mit ihr in das Haus.

„Ich bin Diana, das ist Tom", unterrichtet mich die Dame knapp. Tom ist Dianas Mann und vielleicht schon etwa 70 Jahre alt. Dieser macht mit seinem weißen Unterhemd und zerzaustem weißen Haar überhaupt keinen strengen Eindruck. Er begegnet mir genauso freundlich. Als Diana ihrem Mann die Situation erklärt, nickt Tom zustimmend und begrüßt mich mit einem kurzen „hello".

„Komm, setz dich an den Tresen. Ich mach dir was zu essen", sagt Diana, die mir abgewendet am Kühlschrank steht, in einem fordernden Ton als rede sie mit ihrem zehnjährigen Sohn. Ich vergewissere mich, dass ich der einzige im Raum bin. Tom geht gerade in ein anderes Zimmer. Ok, Diana meint wirklich mich. Gerne aber folge ich ihrem Befehl. Nach ein paar Minuten kommt auch ihr Mann wieder in die Küche und bald essen wir zusammen Frikadellen, Nudeln und Salat. Diana erzählt mir, dass es in Iowa ein jährliches Fahrradrennen quer durch den Bundesstaat gibt, welches über sieben Tag im Sommer stattfindet. Sie habe auch einige Male daran teilgenommen. Daher könne sie sehr gut nachvollziehen, wie hungrig und erschöpft ich sei.

„Allerdings haben wir auch an jedem Abend viel getrunken. Das machte es nicht einfacher." Tom schnauft belustigt. Ich kann mir die Qualen kaum vorstellen, wenn sich zu Müdigkeit, Erschöpfung, Hunger, Durst, versteinerten Beinmuskeln und einem wunden Hintern auch noch ein ständiger Kater mischen würde.

Als meine Gastgeberin mich weiter über meine Route fragt, setzt der Sturm ein und der Regen peitscht gegen das Fenster. Tom sitzt immer noch ohne ein Wort zu sagen neben mir und schaut stoisch aus dem Fenster als ob er im Dunkel der Nacht nach etwas Bestimmtem Ausschau hält. Dann dreht er sich langsam zu dem kleinen Röhrenfernseher auf dem Tresen um und schaltet ihn an. Auf einem regionalen Sender taucht sofort eine Frau auf, die ganz selbstverständlich auf kleine Tornado Symbole auf der Wetterkarte zeigt.

„Siehst du, Vincent. Besser du schläfst im Keller." Ich schaue Diana mit großen Augen an und nicke. Ich bin sehr dankbar, dass Diana und ihr Mann mich wie selbstverständlich aufgenommen haben. In der Nacht lausche ich entspannt auf einem Schlafsofa liegend dem Regen, Wind und Donner. Grinsend vor Entspannung freue ich mich, nicht im Zelt schlafen zu müssen. Gut, dass morgen früh meine Überreste nicht verteilt in den Büschen hängen.

Tag 19 - Victor, Iowa (2.158 km.)

Die Rumpelstreifen bringen mich um den Verstand. Rumpelstreifen oder auf Englisch *rumble stripes* bestehen aus dreißig Zentimeter breiten und zehn Zentimeter langen Furchen im Asphalt. Unzählige Furchen hintereinander bilden zusammen diesen endlosen Rumpelstreifen, der meist direkt neben der Fahrspur verläuft. Die Furchen warnen nachlässige Autofahrer, dass das Auto von der Straße abkommt, indem die Rumpelstreifen in dem hinüberfahrenden Fahrzeug Lärm und Vibration auslösen. Bei einem hinüberfahrenden Fahrrad aber lösen die Furchen keine Vibration, sondern ein schmerzhaftes Erdbeben aus. Der schön asphaltierte fünfzig Zentimeter breite Seitenstreifen auf den Straßen Iowas, der sich ansonsten ideal für mich anbieten würde, besteht fast nur aus diesen nervenden Rumpelstreifen. Wenn von hinten ein großer Truck angerauscht kommt, muss ich über den Streifen fahren und das kurze Erdbeben in Kauf nehmen. Neunzig gnadenlose Kilometer schlage ich mich mit den Rumpelstreifen herum. Als die Stadt Des Moines, das Ziel der heutigen Etappe, nur noch zwanzig Kilometer entfernt ist, erwischen die Furchen mich besonders hart. Ich merke gleich, dass etwas nicht stimmt.

Zunächst höre ich ein metallisches Klacken, dann ein leises Zischen. Ich befürchte einen Platten, aber es kommt viel schlimmer. Die am Lenker festgezurrte Pfefferspray-Dose ist so hart gegen den Lenker geschlagen, dass die Außenwand der Dose gerissen ist. Als ich das Pfefferspray kontrolliere, habe ich schon orangene Hände von der Flüssigkeit und die Dose versprüht aus dem Loch weiterhin das brennende Aerosol. Sofort empfinde ich in Nase und Augen und selbst auf der Haut ein unbeschreibliches Brennen. Reflexartig fasse ich mit den Händen mein Gesicht an und verschmiere das Pfefferspray-Konzentrat ungewollt nur noch weiter. Solche Schmerzen! Ich schreie und fluche so laut, dass alle Dörfer im Umkreis von zehn Kilometern einen Crashkurs in deutschen Schimpfwörtern erhalten. Die stechenden Schmerzen gönne ich keinem Feind und keinem Bären.

Selbst Superkleber kann die Dose nicht schließen. Ausgerechnet heute gönnen sich die Gewitterwolken eine Pause. Anstatt das Regen mich wie die letzten Wochen duscht, brennt mir die Sonne in mein bereits brennendes Gesicht. Das Trinkwasser habe ich schon fast ausgetrunken. Mit den letzten Tropfen versuche ich die Augen etwas auszuwaschen. Es bringt aber nur bedingt Linderung und die ersten Vororte von Des Moines – und damit Supermärkte – sind noch zehn Kilometer entfernt. Hätte mir die blöde Dose nicht in der Stadt kaputtgehen können? Nur hin und wieder blinzelnd und mit Schmerz verkrampftem Gesicht überbrücke ich die Strecke.

Ich hatte irgendwann einmal gelernt, dass man Milch trinken soll, wenn man etwas zu Scharfes gegessen hat. Die Milch nämlich bindet das Kapsaizin – der chemische Stoff verantwortlich für das Schärfe-Empfinden. So verschwindet das Brennen im Mund. Ich halte bei dem ersten Supermarkt, den ich mit einem kaum geöffneten Auge erspähen kann. Im Supermarkt schnappe ich mir einen drei Liter Container Milch, renne heraus und wasche mir das Gesicht mit Milch. Man stelle sich das absurde Bild vor: Ein verschwitzter Mann gießt sich auf einem Parkplatz literweise Milch über das Gesicht. Es scheint aber niemanden zu stören. Zwei Frauen laufen ungestört mit ihrem Einkaufswagen an mir vorbei. Vielleicht ist das in Iowa normal? Die Milch hilft auf jeden Fall. Beide Augen lassen sich wieder ohne allzu starke Schmerzen öffnen und die Haut in meinem Gesicht brennt nicht mehr.

Trotz des Zwischenfalls habe ich immer noch etwas Zeit in Des Moines. Wie ich diese Zeit nutzen sollte, weiß Anya genau. Sie hat mir gestern per SMS empfohlen, das Kunstmuseum der Stadt zu besuchen. Die Gebäude des Museums seien von drei Ikonen der Architektur entworfen worden und auch die eigentliche Kunstkollektion sei hervorragend. Nach meiner guten Erfahrung in Chicago hatte ich mich auch auf ein weiteres Kunstmuseum gefreut. Jetzt stehe ich vor dem Museum und einem Dilemma. Meine Haut und mein T-Shirt sind immer noch von einem Gemisch aus Schweiß, Dreck, Pfefferspray, Superkleber,

Schmieröl und natürlich Milch getränkt. Der Campingplatz liegt aber zehn Kilometer weit entfernt. Mich zuerst auf dem Zeltplatz zu waschen und dann wiederzukommen kann ich meinen Muskeln nicht zumuten. Ganz auf das Museum will ich auch nicht verzichten. Eine völlig absurde Situation – und natürlich gehe ich in das Museum. Der Besuch lohnt sich. Besonders ein abstraktes Landschaftsbild von Georgia O´Keefe gefällt mir sehr gut. Auf dem Gemälde wühlt ein Sturm Felder und einen See auf. Irgendwie passt es ganz gut zu meinen Erfahrungen der letzten Tage. Und auch etwas Gutes hat mein buchstäblich würziger Geruch: Sobald ich mich einem Bild nähere, treten alle anderen Besucher freundlich zur Seite und ich kann mir das Gemälde ganz alleine ansehen.

Des Moines hat aber als Hauptstadt des Bundesstaats noch mehr zu bieten als ein Kunstmuseum. Das Kapitol mit prachtvoller Kalkstein Fassade und goldener Kuppel beherbergt die zwei Kammern des Landesparlaments und den Sitz des Gouverneurs. Auch die große staatliche Universität des Bundesstaats liegt eine kurze Autofahrt nördlich von Des Moines. 35.000 Studenten studieren dort auf einem weitläufigen, sehr grünen Campus abseits der Stadt. Die Hochschulbildung ist hier trotz Qualität sehr preiswert: Einheimische Studenten aus Iowa zahlen nur acht Tausend Dollar im Jahr. Davon können andere Amerikaner nur träumen. Die Brown beispielsweise verlangt von ihren Bachelor-Studenten knapp 50 Tausend Dollar im Jahr – nur für den Unterricht. Allerdings erhalten an der Brown auch 48% aller Studenten Kredite oder Stipendien – mir als Ausländer hat die Brown die gesamten Studiengebühren erlassen, sodass ich nur für das Studentenwohnheim und Lebensmittel zahlen musste. Und selbst wenn man Kredite aufnehmen muss, kann sich der Besuch einer teuren Uni lohnen. Gehälter von Absolventen der besten privaten Unis erreichen nach fünf Jahren Arbeitserfahrung im Durchschnitt 6,25 Tausend Dollar brutto pro Monat. Zur Mitte der Karriere ist das Einkommen meist schon doppelt so hoch.

Die gesellschaftliche Brisanz besteht aber darin, dass eben nur

Absolventen einer kleinen Gruppe von Unis dieses Einstiegsgehalt beziehen und viele andere Studenten mehr Kredite aufnehmen als sie schultern können. Mittlerweile haben mehr als 40 Millionen Amerikaner Studienkredite. Im Durchschnitt steht jeder Schuldner mit etwa 30 Tausend US Dollar in der Kreide, sobald er oder sie die Uni verlässt, und laut der *Federal Reserve Bank of New York* waren Ende 2012 mehr als 12% der Absolventen in Verzug mit ihren Zahlungen.

Ein zweiter brisanter Aspekt der Hochschulbildung in den USA liegt darin, dass Amerikas Spitzenunis bestehende Ungerechtigkeiten möglicherweise weiter verschärfen. Jedes Jahr kommen Anwerber namenhafte Firmen wie Investmentbanken Goldman Sachs und Morgan Stanley, Beratungsfirmen McKinsey und Bain& Company, aber auch Technolgie-Giganten wie Google und Microsoft zur Brown. Würde man ohne diesen exklusiven Zugang eine Bewerbung abschicken, geht diese inmitten Tausender unter. Dementsprechend viele Studenten der Spitzenunis können mit einem besonders lukrativen Job aufwarten. Es sind aber eben die Kinder der reichen Bevölkerung, die es zu den Spitzenunis schaffen. Obwohl Geld bei der offiziellen Bewerbung keine Rolle spielt, können wohlhabende Familien schließlich ihre Sprösslinge mit privaten Eliteschulen und professionellem Coaching bei Bewerbungen helfen. Wohlstand wird zu einem Kreislauf. Man halte sich vor Augen, dass wenn 48% der Studenten an der Brown Finanzhilfe bekommen, die Familien von 52% der Studenten am Ende der vier Jahre eine Viertel Million Dollar bezahlt hat.

Besonders die sogenannten *legacy*-Studenten sind ein Ausdruck dieses Kreislaufes. *Legacy*-Studenten sind Jugendliche, die das College ihrer Eltern besuchen. Das trifft besonders auf Unis wie Harvard, Yale oder Brown zu, die langjährige Traditionen haben und die nur einen verschwindend geringen Prozentsatz der Bewerber annehmen. Aus der Familie meiner guten Freundin, Laura, gingen bereits ihr Bruder, ihre Eltern, ein Onkel und ihr Großvater zur Brown. Auch Jeb und Joan, meine Gasteltern in Chicago, und ihr Sohn, Dean, haben ihren Abschluss an der

Brown abgelegt. Sowohl Laura als auch Dean sind brillant und hätten es ohne den richtigen Nachnamen an die Brown geschafft. Bei einer Annahmerate von unter 9% aber kann es für den einen oder anderen nicht schaden, wenn auf der Bewerbungsmappe buchstäblich das Wort „legacy" (familiärer Hintergrund oder Erbe) gestempelt wird.

Charles Murray, ein bekannter und äußerst umstrittener Politikwissenschaftler, geht sogar einen Schritt weiter und beschreibt in seinem Buch *Coming apart*, dass durch diesen Kreislauf eine neue Oberschicht entsteht. Diese Oberschicht grenze sich nicht nur sozioökonomisch, sondern auch soziokulturell von anderen Schichten ab. Verantwortlich dafür sind die Eliteunis, weil Absolventen mittlerweile vor allem miteinander Familien gründen. Diese Familien unterscheiden sich nun von anderen durch ein zweifach hohes Einkommen. Außerdem geben diese Eltern laut Murray ihren Kindern eine intellektuelle Kultur und besonders positive Werte wie Fleiß und Familienzusammenhalt mit auf den Weg. Zweifelsohne hat Bildung einen unheimlich wichtigen und facettenreichen Einfluss auf die Gesellschaft Amerikas.

Tag 20 - Des Moines, Iowa (2.302 km.)

Einen Wecker benötige ich eigentlich nicht. Die Sonne weckt mich zwischen 6:00 und 7:00 Uhr morgens, vor allem weil die ersten Sonnenstrahlen die Zeltwand neon-gelb aufleuchten lassen. Ab jetzt läuft meine innere Stoppuhr, denn je schneller ich aufbrechen kann, desto mehr Kilometer kann ich später auf dem Fahrrad schaffen. Ich ziehe mich an und hänge das Überzelt und meine Sportbekleidung auf, um die Sachen in der Morgensonne zu trocknen. Zum Frühstück gibt es meistens Brot, Cracker und oder Müsliriegel. Wenn jetzt die Sonne langsam weiter aufsteigt, würde ich am liebsten gleich losfahren. Zunächst aber müssen das Zelt, der Schlafsack und die Luftmatratze verstaut werden. Oft brauche ich zwei oder drei Versuche, bis sich die Luftmatratze in den kleinen Beutel stopfen lässt, der nicht viel größer als zwei Fäuste groß ist. Nachdem alle Fahrradtaschen am Rahmen befestigt sind, kann ich damit beginnen, mich selbst fertig zu machen. Ich putze die Zähne, trage die Creme gegen Hautabreibungen auf, ziehe die Sportkleidung an, verreibe die erste Schicht Sonnenmilch mit LSF 100 und dehne meine müden Beine und Rücken. Das ganze Prozedere kann gut zwei Stunden dauern. Frühestens um neun Uhr morgens kann die eigentliche Fahrt losgehen, ebenso heute. Auch die Route ist denkbar einfach. Auf meinem Zettel steht: „Highway 44, 170 Kilometer".

Am Highway 44 zeigt sich Iowa von seiner schönsten Seite. Die Sonne strahlt herrlich und die Felder und Weiden leuchten in sattem Grün. Die Straße führt in langgezogenen Kurven um und über Anhöhen. Windstille und gute Musik erlauben eine zügige Fahrt und ich habe viel Spaß daran, in die Pedale zu treten. Ein guter Rhythmus spielt sich ein. Ich strenge die Beinmuskeln genauso so stark an, dass die Milchsäure die Muskeln bei jedem kraftvollen Tritt leicht reizt, aber ich nicht unkontrolliert außer Atem gerate und die Beine nicht allzu schnell ermüden. Und da ich mich immer weiter von Städten entferne, nimmt auch der Verkehr enorm ab. Mit jeder Stunde werden es weniger Fahrzeuge; am Nachmittag begegnet mir nur noch alle fünf Minuten ein Auto. Hin und wieder winkt mir sogar jemand zu.

Die Freundlichkeit der Menschen hier steckt an. Iowa wird mir immer sympathischer. Am späten Nachmittag beginne ich von mir aus nett wirkenden Autofahrern zuzuwinken. Besonders freundlich winke ich einem Oldtimer zu. Wie eine Perle schimmert der weiße Wagen schon von weitem zwischen dem Grün der Felder hervor. Der rundliche Aufbau der Fahrerkabine mit Platz für zwei Leute ähnelt eher einer motorisierten Kutsche als einem Auto. Als ich den Insassen lächelnd zuwinke, grüßen diese mich mit freundlicher Geste zurück. Nur fünf Minuten später überholt mich der Oldtimer von hinten. Der Fahrer hupt kurz und schwingt freundlich seinen Arm. Was ist wohl die Geschichte hinter dieser Spritztour mit dem Oldtimer?

In der nächsten Siedlung entdecke ich den Wagen wieder. Dieses Mal aber steht er in einem Vorgarten direkt an der Straße und die zwei

Insassen lassen sich von einem dritten Mann ablichten. Sie lächeln in die Kamera. Aus Neugierde fahre ich um die Ecke und halte bei dem Oldtimer an.

In dem Auto sitzt ein korpulenter Mann dessen weißer Haarwuchs sich auf jeweils ein kleines Büschel über den Ohren beschränkt. Er lächelt mich mit breitem Grinsen an und ruft:

„Schau mal, Schwesterherz, da kommt ja unser Fahrradfahrer!"

„Hi! Ich wollte nur einmal euer Auto von nahem bestaunen", grüße ich.

Der Mann erklärt mir, dass der Wagen ursprünglich in 1932 gebaut wurde, aber viele Teile wie Reifen und Bremsen bereits für moderneres Gerät ausgetauscht wurden.

„Trotzdem fahren wir den Wagen nur an besonderen Tagen aus", klärt mich der Mann auf, der wohl etwa sechzig Jahre alt ist. Der Fotograf verschwindet hinter dem Haus, wo eine Gruppe von Menschen im Kreis sitzt.

„Feiern Sie heute einen Geburtstag?", erkundige ich mich.

Die Minen der beiden verlieren an Freude. Ohne Zögern aber mit etwas gespielter Freundlichkeit klärt mich der Fahrer auf:

„Nein, heute war die Beerdigung meines Sohnes."

Die überraschende Antwort trifft mich ins Gesicht wie ein Schwarm Schmetterlinge in Indiana. Damit hatte ich nicht gerechnet. Schließlich schienen mir die beiden so lebensfroh.

„Das tut mir sehr leid! Mein Beileid." Vor Überraschung weiß ich buchstäblich nicht, was ich noch sagen soll.

Nach einer Stille, die mir ewig vorkommt, redet endlich der Mann wieder:

„Ich lasse heute alle einmal mit dem Wagen mitfahren. Das heitert uns auf. Wir versuchen fröhlich zu bleiben."

Schnell beginnt die Frau mich über meine Fahrradtour zu fragen. Wir sprechen etwas über meine Fahrradtour und der Gesichtsausdruck des Mannes hellt sich wieder auf.

„Das finde ich ja stark. Mach doch kurz Pause bei uns. Wir haben noch so viel zu essen. Keine Sorge, es ist keine normale Trauerfeier. Die Feierlichkeiten waren heute Morgen und wir unterhalten uns ganz normal. Ich würde mich sehr freuen, wenn du etwas bleibst und uns etwas mehr von deiner Fahrradtour erzählst!" Natürlich zögere ich ein wenig, aber wie soll ich dem Mann seinen Wunsch abschlagen?

Und tatsächlich unterhalten sich die acht Personen auf der Veranda erstaunlich angeregt. Sie erzählen sich Geschichten und lachen. Nur wenn Gespräche erliegen und kurz Stille auftritt, kehrt die Gruppe kurz in sich und man merkt, dass es doch keine Geburtstagsfeier ist. Oft fragt mich dann jemand aus der Gruppe etwas über meine Fahrradtour. Zugegeben ist es seltsam als Ablenkung zu dienen. Sich nach einer solchen Tragödie nur abzulenken ist sicher auch keine vernünftige Bewältigung der Geschehnisse. Allerdings hat die Familie auch schon drei Tage tiefe Trauer hinter sich.

Neben der guten Stimmung fallen mir einige andere Dinge auf. Das Haus platzt mit Blumen, Kuchen und Gerichten aller Art fast aus den Nähten. Alle halbe Stunde fährt ein Nachbar vor und bringt etwas Essbares oder eine andere Aufmerksamkeit mit. Eine Nachbarin gibt der Hausherrin und Mutter des Verstorbenen zwei lebensgroße Hühnerfiguren aus Gusseisen als Dekoration für den Garten.

„Jeder in unserer Siedlung gibt was er kann", sagt mir Gunder, der Mann aus dem Oldtimer.

„In nur zwei Tagen haben die Nachbarn unser Haus, das Haus der Witwe und das Haus unseres zweiten Sohnes mit Essen gefüllt." Alle drei Häuser liegen fast nebeneinander in dem Dorf mit 300 Einwohnern.

„Der Zusammenhalt in unserer Gemeinde ist sehr stark. Die Beerdigung sollte eigentlich elf Tausend Dollar kosten. Weil wir aber nicht so viel Geld hatten, mussten wir nur sechs Tausend bar bezahlen. Dem Besitzer des Bestattungsunternehmens habe ich außerdem Steine für seine Auffahrt im Wert von drei Tausend versprochen." Gunder muss wohl bei einem Steinmetz oder Steinbruch arbeiten.

Das Leben hier in der kleinen Siedlung Kimballton erstaunt mich. Für viele meiner Freunde an den Küsten wäre das Leben hier gleichzusetzen mit einem Leben in Armut. Bei vielen Standards ist es das vielleicht auch so. Medizinische Versorgung, Schulen und Lebensmittelgeschäfte sind alle mehr als 25 Kilometer entfernt. Aber die Gemeinschaft hier in Kimballton wirkt zufrieden und glücklich.

Aber auch andere Qualitäten zeichnen diese Gemeinschaft aus. Der Sohn des Verstorbenen studiert Informatik an einer Staatsuni im Nachbarstaat.

„Die Lehrer haben sein Potenzial erkannt und wir wussten genau, dass wir ihn an ein College schicken mussten", erklärt mir die ansonsten sehr schweigsame Mutter stolz. Die Gemeinschaft besitzt nicht nur einen starken Zusammenhalt, sie bietet auch Kindern ein schützendes Umfeld und das Wissen darüber, wie sie auf soziale Infrastruktur wie Hochschulbildung zugreifen können. Das ist in kleinen Gemeinden nicht selbstverständlich. J.D. Vance, Aktivist für soziale Gerechtigkeit, Juraabsolvent der Yale University und Autor des Buches *Hillbilly Elegy* beschreibt, dass Gemeinden ohne diese positiven Eigenschaften auch in einen Teufelskreis der Armut geraten können. Vance wuchs selbst in einer Kleinstadt im Süden Ohios auf, die Drogenmissbrauch, häusliche Gewalt und einer Kultur von Hoffnungslosigkeit kennzeichnet. Dem jungen Vance wurde zwar das Schießen beigebracht, aber das soziale Umfeld hatte nicht das Verständnis dafür, wie sich der begabte Junge intellektuell weiterentwickeln könnte. Niemand in der Kleinstadt wusste, wie man sich bei einer Hochschule bewirbt oder Anträge auf Stipendien stellt. Ökonomen beschreiben eben diese Eigenschaften eines sozialen Netzwerkes als soziales Kapital.

Dieses soziale Kapital hat in den USA eine so ungeheure Bedeutung, weil das fragmentierte Bildungssystem und die immense Kluft zwischen Arm und Reich eine Chancengerechtigkeit unmöglich machen. Fehlt das soziale Kapital wie in den von täglicher Gewalt heimgesuchten Bezirken von Chicago, garantiert die wirtschaftliche Ungleichheit und der daraus resultierende Mangel an guten Schulen ein Leben in Armut. Es verwundert nicht, dass die soziale Mobilität in den USA unter den Werten anderer Industriestaaten liegt. Und vielleicht noch bezeichnender ist, dass ein Ensemble aus Star-Ökonomen um Raj Chetty und Emmanuel Saez 2015 herausgefunden hat, dass auch die regionalen Unterschiede der sozialen Mobilität sehr groß sind. Tatsächlich besitzen viele Landkreise in Iowa, Nebraska und North Dakota eine hohe soziale Mobilität, während diese in Gemeinden im Südosten der Vereinigten Staaten unheimlich gering ist. Dabei spielt keine Rolle, ob ein Landkreis in einem urbanen Ballungsraum oder fernab der Großstädte in dem landwirtschaftlichen geprägten Iowa liegt.

Iowa zeichnet sich also durch hohe soziale Mobilität, gute Bildungseinrichtungen und ein durchschnittliches pro-Kopf Einkommen aus. Außerdem ist Iowa in meinen Augen ein unheimlich freundlicher Bundesstaat – das allerdings entspricht den Erwartungen vom *heartland*. Die Familie lädt mich letztendlich ein, einfach im Vorgarten zu übernachten. In Massachusetts und in Ohio habe ich nur eine kalte Schulter oder Kopfschütteln als Antwort auf meine indirekten Bitten erhalten. Hier in Iowa wurde ich nun kurz hintereinander sogar eingeladen, im Keller zu schlafen, bzw. im Vorgarten zu zelten. Zwar bin ich heute nur 120 Kilometer gefahrenen und bin noch 200 Kilometer von meinem Etappenziel Sioux City entfernt, aber ich freue mich, bei so netten Menschen zu bleiben. Morgen muss ich eben deutlich weiter fahren.

Tag 21 - Kimballton, Iowa (2.446 km.)

Heute sitze ich den sechsten Tag infolge auf dem Sattel. Morgen hätte ich mir einen Rasttag verdient. Gleichzeitig würde ich gerne den freien Tag in einer Stadt verbringen, um mich mit einem Hotelbett zu belohnen und verschiedene Dinge einzukaufen. Da sich die nächste große Stadt, Sioux City, 200 Kilometer entfernt befindet, habe ich zwei Alternativen: Ich könnte entweder irgendwo nach 100 Kilometern zelten und einen Tag später freimachen oder ich gebe heute noch einmal alles. Das Wetter ist schön und mich reizt die Herausforderung. Ich will heute Abend in Sioux City sein!

Der Weg dorthin bringt mich aber ungemein ins Schwitzen. Wie von Iowa bereits gewohnt reihen sich Hügel zunächst aneinander. Insgesamt fahre ich etwa 1000 Höhenmeter aufwärts und 1100 wieder abwärts. Es geht Hügel hinauf und wieder hinunter, rauf und runter in unnachgiebiger Hitze. Als ich nach 110 Kilometern den kleinen Ort Pisgah hinter mir lasse, wandelt sich die Landschaft abrupt. Ich bin so überrascht, dass ich anhalte und ein paar Meter zu Fuße weiter gehe: Ich befinde mich am Rande eines Tales, das sich unter meinen Füßen weit erstreckt. Ich habe das Missouri Tal erreicht. Der längste Fluss der USA grenzt an dieser Stelle die Bundesstaaten Nebraska und Iowa voneinander ab und schneidet eine tief liegende und flache Senke in die Landschaft, die ungefähr zehn Kilometer breit ist. Und weil der Übergang von der Hügellandschaft zum Tal so plötzlich ist, stehe ich am Rand einer 80 Meter hohen Klippe und kann das ganze Tal überblicken.

Auch Sioux City liegt am Missouri und somit muss ich lediglich dem Tal für die restlichen 90 Kilometer in Richtung Norden folgen. Zwar ist die Strecke jetzt komplett flach, aber sie ist dennoch herausfordernd: Die restliche 90 Kilometer lange Strecke bildet mit Ausnahme einer einzigen Kurve eine lange schnurgerade Linie. Man kann soweit über die flachen Felder schauen, dass man trotz durchschnittlicher Geschwindigkeit von 25 km/h das Gefühl hat, seinem Ziel einfach nicht näher zu kommen. Auch die Luft steht still und ist heiß, drückend und feucht. Die Zeit scheint buchstäblich still zu stehen. Es ist an der Zeit, den Mp3-Player laut zu stellen, sich auf den Lenker zu legen, die Straße drei Meter vor dem Fahrrad anzustarren und einfach in die Pedale zu treten. Vier Stunden lang starre ich. Vier Stunden trete ich fast ununterbrochen in die Pedale.

Als die untergehende Sonne das Tal schon in tiefe Orangetöne hüllt, erreiche ich endlich die ersten Vororte von Sioux City. Nicht nur habe ich heute eine Strecke von 201 km zurückgelegt, die die längste Tagesdistanz der Tour bildet. Heute erreiche ich nach drei Wochen auch die Mitte der

Strecke zwischen Providence und Seattle – zumindest gemessen an der Luftlinie.

Tag 22 - Sioux City, Iowa (2.647 km.)

Wie gewohnt nehme ich mir an meinem freien Tag Zeit für mein Fahrrad und meine Familie. Dank des schnellen Internetzugangs im Hotel kann ich wieder meine Mutter über Skype erreichen. Ich freue mich, dass ich heute vor allem gute Nachrichten habe: Die Wunden an meinem Gesäß sind gut verheilt. Die zwei freien Tage in Chicago haben den Heilungsprozess enorm unterstützt. Seit drei Tagen verfolgen mich außerdem die Gewitter nicht mehr und in der letzten Woche habe ich nur 500 Gramm Gewicht verloren. Nur die Tatsache, dass ich seit Iowa keine mobile Internetverbindung mehr habe, bereitet meiner Mutter Bauchschmerzen. Nun funktioniert die App nicht mehr richtig, mit der man meine Position bestimmen kann. Nur wenn ich mein Handy mit einem WLAN-Netz verbinde, registriert die Internetseite meinen neuen Standort. Ich verspreche aber, dass ich wieder in sieben Tagen aus Rapid City anrufen werde. Jetzt aber möchte ich Sioux City erkunden.

Das Zentrum der Stadt liegt nur ein Steinwurf von dem Hotel entfernt und ich freue mich darauf, bei Kaffee zu entspannen und eine Zeitung zu ergattern. So flaniere ich an einer breiten Einbahnstraße, die immerhin aus drei Fahrspuren und einem Seitenstreifen besteht, entlang in Richtung Zentrum. Nur hin und wieder fährt ein Auto an mir vorbei. Auch auf dem Bürgersteig begegnet mir niemand. Selbst die Gebäude, die die Straße säumen, sehen sehr trist aus. Die sandfarbenen, rechteckigen Backsteingebäude heben sich weder voneinander noch von der Straße besonders ab. Große Parkplätze und mehrstöckige Parkgaragen, die in anderen Städten wie Narben wirken, fügen sich hier nahtlos in das allgemein leblose Stadtbild ein. Die 82.000 Tausend Einwohner Stadt wirkt komplett menschenleer. Das Beispiel par-excellence bildet ein Gebäude, das fast einen ganzen Block einnimmt, drei Stockwerke hoch ist und aus gelbem Backstein besteht. Das Gebäude hat auf den zwei von mir ersichtlichen Seiten kein einziges Fenster. Ich frage mich, was so eine große Lagerhalle so dicht am Zentrum der Stadt verloren hat. Ich stelle mit Erstaunen fest, dass das fensterlose Gebäude das Stadtmuseum sein muss. Aber befindet sich das Museum nicht im Kern der Innenstadt? Ja, tut es. Unwissentlich habe ich bereits einen Teil des ausgestorbenen Zentrums durchquert.

Cafés gibt es hier nicht. Der durchschnittliche Ostküstenstudent würde hier auf der Suche nach einem Starbucks Frappuccino verdursten. Ein paar geschlossene Restaurants zeugen davon, dass sich an Wochentage zumindest ein paar Menschen hierher verirren. Neben Verwaltungsgebäuden, anderen Bürogebäuden und vereinzelten Geschäften erinnert ansonsten nichts in dieser pastellfarbenen Asphaltwüste an eine Innenstadt an der Ostküste. Natürlich sind hier kaum Menschen am Sonntag; hier gibt es auch nichts zu tun.

Die Menschen bleiben in den Vororten der Stadt. Im Einzugsgebiet amerikanischer Städte nämlich bilden sich Vororte um die großen Einkaufsmalls, die dann als alternatives Zentrum für die Bewohner dienen. Viele amerikanische Freunde von mir, die in solchen Vororten aufgewachsen sind, erklären mir, dass sie in ihrer Jugend zum Spaß nicht in die Stadt gefahren sind, sondern in die Mall im Vorort. Diese Entwicklung hat vor allem historische Gründe.

Als in der Nachkriegszeit der Ausbau des Straßennetzes und der öffentlichen Verkehrsmittel das Pendeln in das Stadtzentrum ermöglichte, konnten Familien der aufstrebenden Mittelklasse aus dem dicht besiedelten Zentrum in Vororte ziehen. Wie aus dem Nichts entstanden immense Vororte mit hunderten Häusern aus der Massenproduktion, die als *Levittowns* bekannt wurden. Als nun ab den 70ern Arbeitsplätze in Fabriken verschwanden, traf es vor allem die einfachen Arbeiter, zurückgeblieben im Zentrum der Stadt, hart. Geringere Steuereinnahmen führten zu weniger Investitionen in den Stadtkern. Hohe Arbeitslosigkeit führte zu hoher Kriminalität. Die Zentren verwahrlosten. Ein ehemaliger Student der Brown, der seinen

Abschluss zu Beginn der 80er Jahre gemacht hatte, sagte mir einst, man hätte damals nicht ohne Messer vom Campus der Uni zum Bahnhof im Stadtzentrum gehen können. Kein Wunder, dass amerikanische Teenager der Mittelklasse in ihrer Freizeit in die verbleibenden öffentlichen Plätze auswichen. Das waren und sind immer noch vor allem die Shopping-Malls der Vororte.

Auch eine sich spaltende Gesellschaft hinsichtlich der Einkommens- und Bildungsunterschiede zeigen die Stadtteile auf. Denn Vororte grenzen sich mittlerweile nicht nur von dem Stadtzentrum, sondern auch untereinander ab. So gibt es Vororte für normal verdienende Familien, Vororte für reiche Familien und Vororte für superreiche Familien. In Providence hat mich im ersten Jahr ein Ruderkollege zu einem Grillfest bei sich zuhause eingeladen. Die Villa der Familie liegt nicht in Providence selbst, sondern in dem Nobelvorort Barrington, direkt an der Bucht. Hier reihen sich luxuriöse Wohnhäuser beginnend mit einem Wert von fünf Millionen Dollar. Beginnend, wohl gemerkt.

Einer Studie der Stanford Universität zufolge lebten 1970 nur 15% der Bewohner der zwölf größten Metropolregionen der USA in überdurchschnittlich armen oder überdurchschnittlich reichen Wohngegenden. In 2007 hat sich diese Zahl mehr als verdoppelt. Nun leben 32% der Menschen in besonders reichen oder armen Vierteln. In Sioux City gibt es diesen Unterschied zwischen reichen und armen Vierteln auch. Im Stadtzentrum von Sioux City liegt das durchschnittliche Haushaltseinkommen bei 22,5 Tausend US-Dollar im Jahr und 7% der Bewohner haben einen Universitätsabschluss. Der Vorort Sergeant Bluff, eine 15-minütige Autofahrt entfernt, bildet das Gegenteil. Hier verdient ein Haushalt stolze 75,7 Tausend Dollar im Jahr und 32% der Bewohner haben einen Universitätsabschluss. Für diese Familien spielt sich das private Leben vor allem in dem Vorort ab.

Selbst für das städtische Museum in der Innenstadt scheinen die Leute nicht aus der Peripherie zu kommen. Das ist schade. Nicht nur ist der Eintritt frei, das Museum kann auch mit vielfältigen Exponaten aufwarten und zeigt in einem kleinen Kinosaal aufwendig animierte Kurzfilme über die Geschichte von Sioux City. Und auf die Geschichte ist man stolz: Als Knotenpunkt für die umliegende Landwirtschaft blühte die Stadt Ende des 19. Jahrhunderts durch den Handel und die Weiterverarbeitung von Lebensmitteln auf. Besonders das *Meatpacking*, die Fleischverarbeitung, hatte große Tradition. In den Jahren von 1887 bis 1891 waren die Kassen der Stadt so prall gefüllt, dass jedes Jahr eine große Auktionshalle für Getreide errichtet wurde. Die Bauten waren so prachtvoll, dass diese „Maispaläste" genannt wurden und Sioux City zeitweise sogar den Titel „Chicago's einziger Rivale" erlang. Doch bereits in den 1890er Jahren wendete sich das Schicksal für die Stadt. Zuerst zerstörte eine Flut Teile der Stadt, dann kollabierte mit zwei großen Banken der Stadt der Rest der Wirtschaft. Sioux City hat sich nie wirklich erholt.

Typische Landschaft im ländlichen Iowa (inklusive Rumpelstreifen auf der Fahrbahn)

Frei zugängliche Kunst in Chicago

Gunder und seine Schwester in ihrem Oldtimer

Woche 4

Tea Party in der Grassteppe
(724 Kilometer)

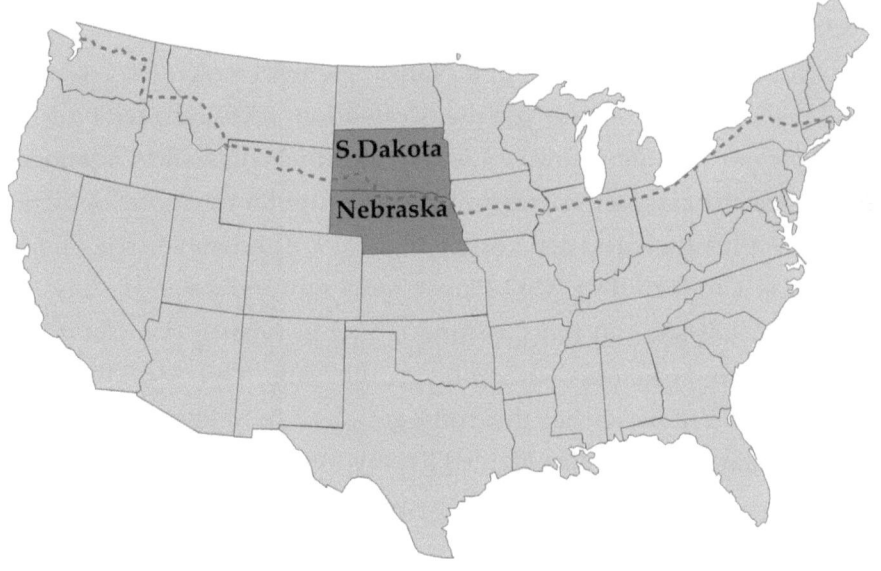

Tag 23 - Sioux City, Iowa (2.647 km.)

Meine Knie fühlen sich so starr an als habe ich sie einen Monat nicht bewegt. Gleichzeitig peinigt meine Beinmuskeln ein so starker Muskelkater als sei ich gestern ein Marathon gelaufen. Auch der Rasttag hat die Beine nicht von Schmerzen befreit. Immerhin liege ich nach drei vollen Wochen schon drei Tage vor meinem Zeitplan. Somit habe ich kein schlechtes Gewissen, am Vormittag ein neues Bären-Pfefferspray, Ersatzschläuche, Sonnencreme und Nahrungsmittel einkaufen zu gehen. Neue Musik möchte ich mir für die Motivation auch auf meinen Mp3-Player spielen. Bei allen fünfzig Liedern kann ich rückwärts mitsingen. Ich verbinde also das kleine Gerät mit dem Computer der Hotellobby und führe auch pflichtbewusst den vorgeschlagenen Virenscan durch. Hierbei passiert das Unglück: Der Mp3-Player friert ein und zeigt an, dass der Speicher zu voll sei, um ihn zu starten. Nichts vermag das Gerät zum Hochfahren zu bewegen. Ich probiere alles aus. Der Mp3-Player ist hinüber – der Virenscan hat die Software des Mp3-Players beschädigt. Ungläubig starre ich auf das kleine Display mit zunehmender Wut. Das hilft meiner sowieso geringen Motivation heute Morgen auch nicht weiter.

Zumindest liegt die Grenze zu Nebraska, der nächste Bundesstaat auf meiner Route, gleich südwestlich von Sioux City jenseits des Missouri Flusses. Dorthin schaffe ich es auch ohne Musik. Auf der Brücke über dem Missouri Fluss, prangt bereits das Willkommensschild von Nebraska. „Nebraska … the good life" steht darauf geschrieben. Einen meiner ersten Eindrücke vom Bundesstaat, der das „gute Leben" verspricht, ist ein ungewöhnliches Gebäude auf der anderen Seite der Straße.

Von weitem bereits erkenne ich ein Holzhaus aus dunkelbraunen Dielen, das einer breiten Scheune ähnelt. Und genau wie eine Scheune, hat auch das Haus ein vier-mal-vier Meter großes Tor, durch das ein Kleintraktor passen würde. Ich staune nicht schlecht, als ich entziffern kann, dass über dem Tor der Schriftzug „The Drive Thru Store" („Durchfahr Laden") prangt. Tatsächlich führt eine schmale

Asphaltstraße direkt durch das Haus. In der Scheune selbst stehen neben der Fahrspur links und rechts große Kühlschrankwände. Eigentlich finde ich die Idee sehr innovativ. Es passt zu dem Zeitgeist, jede noch so kleine Unannehmlichkeit zu vermeiden. Einen zynischen Beigeschmack hat der Laden aber schon: Es handelt sich bei dem Drive Thru Store ausschließlich um ein Spirituosengeschäft. Man kann hier also Alkohol kaufen und sich betrinken, ohne das Steuer verlassen zu müssen. *Nebraska ... the good life!*

Ich fahre langsam durch das 20-Meter lange Geschäft und entdecke die Kasse. Hinter dieser sitzt ein älterer Mann zusammengezogen auf einem Schreibtischstuhl. Er schaut völlig vertieft auf seinen Tablet-Computer. Erst als ich mich bemerkbar mache, blickt er auf und sieht mir mit Erstaunen zu, wie ich mit meinem Fahrrad an den Schränken vorbeirolle. Er scheint über mein Transportmittel ebenso verblüfft wie ich über sein Geschäft.

Nachdem ich ihm kurz erzähle, warum ich mit dem Fahrrad gekommen bin, bitte ich den Mann um etwas Leitungswasser. Hilfsbereit steht dieser auf. Er geht zu einem Wasserhahn an der Wand, der sicherlich dazu dient, die Fahrbahn in dem Haus abzuspülen, und füllt meine Wasserflaschen auf. Um höflich zu sein, kaufe ich ihm zusätzlich eine große Flasche *Gatorade* ab. Als wir beide wieder an der Kasse stehen, komme ich mit dem betagten Herrn ins Gespräch, der sich als Eigentümer des Ladens herausstellt. Den Mann schätze ich auf Mitte sechzig. Sein dunkelblaues Hemd und kurz geschnittenes weißes Haare vermitteln ein sehr gepflegtes Erscheinungsbild. Lediglich die schläfrigen braunen Augen und die tiefen Falten im Gesicht wirken seinem drahtigen Auftritt entgegen. Nachdem ich ihm erkläre, dass ich vor einer Woche in Chicago aufgebrochen bin, fragt mich der Mann, ob ich Militärfahrzeuge auf meinem Weg gesehen habe. Er schaut mir tief und aufmerksam in die Augen.

„Nein, ich glaube ich habe keine Militärfahrzeuge gesehen", antworte ich.

„Verstehe, dann nimmt das Militär schon die Highways, anstatt wie du auf den Landstraßen zu fahren", murmelt der Ladenbesitzer aus dem Tor ins Freie schauend. Als er mich wieder ansieht, liest er sicherlich Unverständnis in meinem Gesichtsausdruck und führt aus:

„Die Armee verteilt sich gerade über die gesamte Nation. Die Regierung besetzt unser eigenes Land. Spätestens Mitte Juli wird der Präsident das Martial Law ausgerufen haben." (Martial Law ist ein Ausnahmezustand, in dem das Militär alle Funktionen der Regierung, der Parlamente und der Justiz übernimmt. Zivilrechte sind größtenteils aufgehoben oder beschnitten. Der Mann versteht also das Prinzip falsch: Denn in diesem Fall würde das Militär nicht für die Regierung das Land besetzten, sondern die Regierung ersetzen.)

Ich schaue den Mann sprachlos an und warte auf die Pointe eines Witzes oder eine weitere Erklärung. Der Mann hat aufgehört zu sprechen und wir schauen uns sprachlos an. Er meint es todernst.

„Wieso sollte denn die Regierung das eigene Land besetzen?", frage ich, um ihn weiter reden zu lassen.

„Um uns unter Kontrolle zu bringen. Mehr weiß im Moment auch noch keiner. Aber die Regierung hat viele dunkle und geheime Pläne. Zum Beispiel versteckt sie auch einen geheimen Planeten nahe der Sonne vor uns. Wenn man an manchen Tagen genau hinsieht, kann man ihn erkennen." Ich frage mich, ob der Mann wirklich einmal zu tief in die Sonne oder zu tief in die Rumflaschen im Regal neben der Kasse geschaut hat. Dennoch macht der Besitzer einen ruhigen und aufgeräumten Eindruck. Er zeigt mir auf seinem Tablet-Computer sogar die Artikel im Internet, in dem Truppenbewegungen innerhalb der USA beschrieben werden. Ich bedanke mich noch einmal für das Wasser und mache mich wieder auf den Weg. Natürlich hat der Mann nicht alle Rumflaschen im Schrank. Seine Phantasie drückt aber ein bezeichnendes Misstrauen der Amerikaner gegenüber ihrer eigenen Regierung aus.

Ihrer Bundesregierung misstrauen US-Amerikaner aber nicht nur. Ein grundlegender Pfeiler der amerikanischen Politik besteht darin, nationalen politischen Organe möglichst wenig Befugnisse beizumessen.

In der Tat grenzt die Verfassung die Gesetzeshoheit des Kongresses ein und ursprünglich sollte die Entscheidungskraft bei den Parlamenten der Bundesstaaten liegen. So erklärt sich übrigens auch, dass es lange kein einheitliches Mindestalter für Alkoholkonsum in den USA gab. Erst 1984 konnte die Bundesregierung das derzeit bestehende Mindestalter für den Kauf von Alkohol auf 21 Jahre im gesamten Land einführen. Um diese Altersgrenze auch tatsächlich durchzusetzen, musste Washington, D.C. den unbeugsamen Bundesstaaten zehn Prozent der finanziellen Förderung für das Straßennetz kürzen. Erst vier Jahre später fügten sich die letzten beiden Bundesstaaten, South Dakota und Wyoming.

Die Vermutung liegt nahe, dass der Grundsatz der möglichst kleinen Bundesregierung aus der Vorliebe für den Föderalismus entspringt. Ein US-Amerikaner – so die Theorie – möchte die politische Macht nicht im Weißen Haus, sondern in seinem Bundesstaat wissen. Diese Theorie erscheint mir fehlerhaft. Amerikaner empfinden als wichtig, dass überhaupt keine Institution politische Macht sammelt und die Freiheit des Einzelnen beschneidet. Daher tagt das *Texas House of Representatives*, eines der Parlamente in dem erzkonservativen Bundesstaat, nur alle zwei Jahre für maximal viereinhalb Monate. Dabei hat Texas eine größere Bevölkerung als Norwegen, Dänemark, Schweden, Finnland und Island zusammen.

Zumindest bin ich jetzt endgültig aus dem Einzugsgebiet von Sioux City heraus. Die Siedlungen am Straßenrand werden kleiner und der Abstand zwischen ihnen größer. Der Verkehr nimmt ab und nur noch alle paar Kilometer führt eine Abzweigung von der Hauptstraße ab. Brach liegende Felder und weite Weiden ersetzen bewirtschafte Äcker – zuerst vereinzelnd, bald ausschließlich. Grüne Weiden übernehmen das Landschaftsbild. Es wirkt, als hätte jemand den Bundesstaat Nebraska an der westlichen Seite angepackt, kräftig daran gezogen und so das Land gedehnt. Selbst die Hügel werden so zu langgezogene Bodenwellen.

Öfters halte ich an und schieße ein Foto von der Landschaft. Auf diese Weise komme ich zwar nicht besonders schnell voran, aber ich habe heute sowieso keine Lust, meine steifen Beine zu schinden. Ich verbringe viel Zeit damit, in die Weite zu schauen und meinen Blick über die grünen und gelben Hügel schweifen zu lassen. Außerdem entdecke ich, dass mein Handy irgendwo aus der Cloud einige Lieder auf mein Handy synchronisiert hat. Nachdem mein Handy keine Mobildaten mehr empfängt und ich heute Morgen den Mp3-Player gebraten habe, bleiben mir nur diese acht Lieder im Kampf gegen die endlose Stille in der Prärie. Aus einer Art Galgenhumor muss ich lachen, als ich sehe, dass die Playlist aus einer sehr kuriosen Mischung aus Rammstein, Linkin Park, Taylor Swift und Ariana Grande besteht.

„Das kann ja lustig werden", seufze ich.

Wie in Trance trete ich im Rhythmus zu Taylor Swift in die Pedalen. Dann plötzlich: Gerade als die Lieder wechseln und Stille herrscht, taucht aus dem Nichts ein großes schwarzes Objekt einen Meter links von mir auf. Aus Schreck zucke ich fürchterlich zusammen und verziehe den Lenker. Mein Fahrrad steuert geradewegs auf den Graben zu, aber ich kann das Gleichgewicht halten und lenke mein Gerät zurück auf die Fahrbahn.

„Tut mir leid, ich wollte dich nicht erschrecken!" Das große schwarze Objekt kann sprechen. Ein dunkel gekleideter Fahrradfahrer schließt zu mir auf und grinst mich an. Amüsiert über meine eigene geistige Abwesenheit lache ich zurück. Der junge Mann fährt ebenfalls mit dem Fahrrad durch die USA. Er stellt sich mir als Abel vor, bittet mich aber im nächsten Luftzug, ihn „Abe" zu nennen. Er ist 24 Jahre alt, kommt aus der Großstadt Boston und hat vor einem Jahr ein Bachelorstudium in Mathe abgeschlossen. Auch eine ähnliche Route verbindet uns. Abe startete in Boston und möchte die Tour in Oregon beenden. In anderen Details unterscheiden sich unsere Fahrradtouren: Abe hat weder Zelt noch Schlafsack dabei und ist auf Hotels angewiesen. Daher hat er auch seine gesamte Route im Detail geplant. Schließlich muss er immer genau im Voraus wissen, wie weit das nächste Hotel entfernt ist.

Aber natürlich verbindet uns viel und während des Fahrradfahrens tauschen wir uns über unsere bisherigen Erlebnisse aus.

Ich: „Ich war ziemlich überrascht, wie gebirgig Massachusetts sein kann!"

Abe: „Ja, das war eine harte Prüfung gleich zu Anfang. Dafür war die Fahrt entlang des Erie Sees toll."

Ich: „Stimmt, die zwei Tage habe ich genossen."

Abe: „Sag mal, gehen dir die Rumpelstreifen an der Straßenkante auch so auf die Nüsse?"

Ich: „Na klar! Mir sind in Iowa bei den ganzen Rumpelstreifen fast die Nüsse abgefallen!"

Lange unterhalten wir uns über die Wahl der richtigen Satteltasche, die Form des Sattels, das Material des Fahrradrahmens, die Länge der Fahrradhose und alle anderen Entscheidungen, die wir bei der Vorbereitung treffen mussten. Bald bricht der Abend an und eigentlich müsste ich mir jetzt darüber Gedanken machen, wo ich mein Zelt aufschlagen kann.

„Hey Abe, wo übernachtest du denn heute Abend?", frage ich ihn.

„Ich habe mir ein Zimmer in einem Hotel in einer kleinen Siedlung an der Hauptstraße gemietet. Und was machst du heute?"

„Ich habe mir noch keine Gedanken darüber gemacht. Ich bin da ja flexibel. Zwei Quadratmeter Rasen oder Fußboden reichen mir ja mit meiner Ausrüstung", erkläre ich ihm. Ich hoffe Abe springt darauf an, dass ich explizit „Fußboden" gesagt habe.

Abe überlegt und schaut für einen kurzen Moment nach vorne. Dann dreht er seinen Kopf wieder zu mir:

„Ich muss ja für mein Hotelzimmer sowieso bezahlen. Willst du einfach in meinem Zimmer übernachten?"

„Ja, gerne!", schießt es aus mir heraus. Ich habe so plötzlich geantwortet, dass Abe schmunzeln muss.

In dem Hotel kann Abe für einen Aufpreis von zehn Dollar sogar noch ein Doppelzimmer bekommen. Ich freue mich, der Luftmatratze noch einen Tag zu entgehen. Dafür revanchiere ich mich bei einem Abendessen im Restaurant gegenüber. Es ist sehr leicht, sich gut mit dem ruhigen Abe zu verstehen.

Später auf dem Zimmer unterhalten Abe und ich uns noch über unsere Routen. Wir stellen fest, dass wir für die nächsten vierhundert Kilometer auf Parallelstraßen fahren würden. Wir beschließen, für diese Strecke zusammenzufahren. Abe spart Geld, wenn er sich mit mir die Hotelzimmer teilt und ich kann für wenig Geld mein Zelt für ein warmes Zimmer eintauschen. Irgendwann steht Abe dann unter Stöhnen auf uns sagt mir, dass er sich noch um sein Gesäß kümmern muss. Angestrengt watschelt Abe breitbeinig zum WC und greift sich Wundcreme und saubere Unterwäsche.

Abe und ich haben also noch etwas gemeinsam.

Tag 24 - Laurel, Nebraska (2.714 km.)

Die Strecke, auf die wir uns geeinigt haben, führt abseits der großen Bundesstraße US-20 durch das nördliche, unberührtere Nebraska. Die Landschaft mit hellgrünen Weiden und kleinen Waldstücken wirkt friedlich. Im Laufe des Nachmittags erreichen wir wieder eine hügelige Landschaft, in der es stellenweise scheint, als bestehe die Gegend aus großen, mit Gras bewachsenen Dünen. Zudem erlaubt uns der geringe Verkehr, nebeneinander zu fahren und uns zu unterhalten. Ein Schiffscontainer am Straßenrand bietet hierfür besonders guten Gesprächsstoff. Bereits von weitem erkennen wir den rechteckigen weißen Fleck mitten im Grünen. Die Beschriftung des Containers erstaunt mich allerdings mehr als die Tatsache, dass ein Schiffscontainer mitten auf einem Feld liegt. Jemand hat mit schwarzem Graffiti politische Parolen auf die Wände geschmiert. Wie von einem überdimensionierten Whiteboard prangen Satzfragmente wie:

„Teuflischer Obama 666 + seine Dämonen verkaufen die USA",

„Klagt Beelzebub an, wen Obama + seine Dämonikraten",

„Tretet ihnen in den Arsch = die amerikanische Art" und

„Antworten = die Bibel & Wahrheit = Fox News".

Sicherlich war es der Landbesitzer selbst, der dafür den Container extra an den Straßenrand gestellt hat. Zunächst wirken die absurden Sprüche fast belustigend. Bald bereitet sie mir Bauchschmerzen.

Der Schmierfink ist auch nicht allein. Selbst die bekannte republikanische Politikerin Michele Bachmann, die von 2007 bis 2015 Abgeordnete im Kongress war, wetterte mit radikalen Sprüchen gegen Obama. So hat diese im April 2015 behauptet, der Präsident fördere durch das Atomabkommen mit dem Iran und durch seine Befürwortung von homosexuellen Ehen das biblische Ende der Welt. Als ich Freunden aus dem Nordosten der USA später ein Foto von dem Container zeige, schmettern sie zurück:

„Genau dieser religiös gefärbte Extremismus ist, was die Republikaner in unserem Land mit ihrer Rhetorik auslösen!" Tatsächlich sind die politischen Lager in den USA stark gespalten. Anhänger beider Parteien verstehen die Rivalen als die „Bösen" und kreieren damit eine religiös-gefärbte Dichotomie zwischen „Gut" und „Böse". Auf der einen Seite sind die konservativen Republikaner, auf der anderen die sozial-demokratischen Demokraten, die sich im amerikanischen Englisch „liberal" nennen. In fast keinem Bereich der Politik gelingt es den Parteien noch, Kompromisse zu erreichen.

Doch das war nicht immer so. In den 60er Jahren haben auch republikanische Abgeordnete den demokratischen Präsidenten Lyndon Johnson unterstützt und auch noch in den frühen 80ern haben Demokraten mit dem republikanischen Präsidenten Ronald Reagan zusammengearbeitet. Was ist seitdem geschehen?

Zwar standen die Republikaner seit langem für ökonomische laissez-faire Politik und die Demokraten für sozialdemokratische Wirtschaftspolitik, die Parteien konnten aber dennoch in anderen Themengebieten Gemeinsamkeiten finden. Diese Gemeinsamkeiten haben sich stark vermindert. Genau diesen Prozess beschreibt die sogenannte *conflict extension*, Konfliktausweitung. Die Parteien vertreten in den meisten Bereichen der Politik nun teilweise weit auseinanderliegende Positionen, erklären Politikwissenschaftler um Geoffrey C. Layman, die den Begriff eingeführt haben. Von Außen- und Sicherheitspolitik bis Umweltschutz und Bildungspolitik liegen Ansichten auseinander.

Ein zweiter Trend, die Polarisierung der Parteien, ist mindestens genauso interessant. Die allgemeine Vermutung, dass Demokraten und Republikaner sich in entgegengesetzte Richtungen entwickelt haben, ist falsch. Die ideologische Polarisierung der Parteienlandschaft resultiert fast ausschließlich aus dem Rechtsruck der republikanischen Partei. Seit den 80er Jahren vertreten die Republikaner kontinuierlich immer konservativere Werte. Das haben die Politologen Michael Barber und Nolan McCarty in 2015 herausgefunden. Ob das vor allem an den Politikern selbst oder an einer Strömung der Gesellschaft liegt, konnten die Politikwissenschaftler nicht endgültig klären. Aber das Prinzip des *gerrymanderings* spielt eine große Rolle.

Das *gerrymandering*, benannt nach einem Gouverneur Massachusetts, bezeichnet die unnatürliche Verschiebung von Wahlkreisen, um einer Partei einen Vorteil zu sichern. Das Beispiel Nebraskas verdeutlicht das: In 2008 gewann der Demokrat Obama knapp den Wahlkreis um die Großstadt Omaha – einer von nur drei Wahlkreisen in Nebraska. Daraufhin zeichnete die von Republikanern geführte Regierung Nebraskas die Wahlkreise neu. So entzogen sie dem Omaha Distrikt den zu Demokraten neigenden Vorort Bellevue und fügten stattdessen dem Wahlkreis eine ländlichere und konservative Gegend hinzu. Das half Donald Trump, alle drei Distrikte zu gewinnen.

Das Resultat von *gerrymandering* bedeutet: Anstatt um moderate Wähler werben zu müssen, können Politiker Wahlkreise gewinnen, indem sie ausschließlich ein konservatives oder sozialdemokratisches Klientel ansprechen. Das befeuert die Konfliktausweitung. Da außerdem vor allem Republikaner von der Wahlkreisverschiebung profitiert haben, hat dies wohlmöglich den Rechtsruck der Partei verstärkt.

Tag 25 - Niobrara, Nebraska (2.841 km.)

Auch am Folgetag zeigt sich die Landschaft von ihrer schönen Seite. Wir fahren südlich des Missouri River in westliche Richtung. Die flachen Weiden, Wiesen und Felder im Missouri Tal strahlen in hellen Farben. Ebenso scheint sich das Wetter nach drei regnerischen Wochen endlich versöhnen zu wollen. Bei 32 Grad Celsius, Sonnenschein und Rückenwind gleiten unsere Fahrräder förmlich über den Asphalt. Mit flotter Umdrehungszahl radeln wir in den ersten zwei Stunden durchschnittlich 30 km/h. Das bringt uns beiden Spaß. (Die Durchschnitts-geschwindigkeit für die gesamte Tour liegt zwischen 15 und 20 km/h.) Solche Momente und Tage motivieren mich unheimlich, da das Vergnügen die Strapazen für kurze Zeit überdeckt. Das Selbstmitleid über schlechte Tage, das mich in den ersten Wochen begleitet hat, verwandelt sich in Stolz über die eigene Leistung. Meine Nervosität über die bevorstehenden Etappen schwenkt in Zuversicht und Vorfreude um.

Aber auch bei großer Fahrfreude muss ich auf meinen Körper achten. In der heißen Sonne trinke ich jede Stunde einen Liter Wasser und alle drei Stunden trage ich Sonnenmilch auf Gesicht, Beine und Arme auf. Natürlich habe ich auch immer noch alle zwei Stunden Hunger und muss mindestens zweimal am Tag meine Anti-Reibungscreme auftragen. Aller Vorsorge zum Trotz kann ich Sonnenbrände und Abreibungen am Sitzfleisch dennoch nicht komplett vermeiden. Solche Abreibungen müssen dann besonders gut gesäubert und mit Wundcreme versorgt werden. Diesen Schritt hat Abe vielleicht in den ersten Wochen zu sehr vernachlässigt. Er klagt nun über immer größere Schmerzen am Gesäß und verzieht jedes Mal das Gesicht, sobald er aufsattelt. Morgen passieren wir eine Kleinstadt. Dort will Abe sich von einem Arzt behandeln lassen. Heute aber machen wir weiter große Sprünge und erreichen am späten Nachmittag die Siedlung Springview.

Hier haben wir uns wieder ein Zimmer gemietet. Der Vermieter hat uns geschrieben, dass er selbst nicht in der Nähe sein würde – weder heute noch morgen. Daher hat er die Tür zu unserem Teil eines Reihenhauses unweit der Hauptstraße einfach offen gelassen und die Schlüssel auf dem Tresen liegen gelassen. Morgen sollen wir die Schlüssel dann einfach wieder mit samt 60 Dollar, nur Bargeld wird akzeptiert, auf den Tresen legen. Natürlich bezahlen wir, aber wir sind von dem Vertrauen beeindruckt. Denn die Wohnung ist ausgestattet mit hochwertigen Möbeln und zwei Fernsehern.

Um etwas zu entspannen, lasse ich mich auf das Sofa fallen, lege die Beine hoch und schalte den Fernseher in meinem Zimmer an. Der Nachrichtensender Fox News erscheint auf dem Bildschirm. Wie andere Fernsehkanäle in den USA hat auch Fox News eine politische Ausrichtung. Hier geben konservative Werte den Ton der Sendung an. Dementsprechend hat Obama das Nuklearabkommen mit dem Iran laut Kommentatoren schlecht ausgehandelt. Das Abkommen bedrohe gar den Frieden im mittleren Osten allgemein als auch die Existenz Israels im Speziellen. Nun probiere ich den linksorientierten Sender MSNBC aus. Die Auslegung der Ereignisse dreht sich um 180 Grad. Das Abkommen mit dem Iran ist nun ein historischer Erfolg für Obama. Der Beitrag zeigt vor allem Ausschnitte aus Obamas Rede und Interviews mit anderen demokratischen Politikern. Der Ton klingt grundsätzlich positiv.

Mit professionell erarbeiteten Sendungen formen Sender die Meinung des Zuschauers – manchmal subtil, oft offensichtlich. Laut Soziologie Professor Barry Glassner sind insbesondere Interviews mit vermeintliche Experten dafür verantwortlich, dass Sendungen einen professionellen und objektiven Anschein machen und dennoch stets eine einseitige Meinung vermitteln. Durch selektive Berichterstattung, den Ton der Sendung und eine bewusste Auswahl von Gesprächspartnern erschaffen die Fernsehkanäle zwei gegenüberliegende Realitäten. Das geht weit über die einfache politische Interpretation von Sachverhalten hinaus und ergänzt das *gerrymandering*. Wähler sind durch Wahlbezirksgrenzen und die Medien getrennt.

Neben der Politisierung der großen Fernsehkanäle bedroht die Gesellschaft vor allem das Wachstum der kleinen Medienplattformen am rechten Rand des Spektrums. Der Fernsehkanal TheBlaze beispielsweise zeigt täglich eine 45-minütige Sendung namens „Tomi" mit der gleichnamigen Moderatorin Tomi Lahren. Lahren, die mit Aussagen wie „Amerikaner stehen auf und kämpfen für Glaube, Familie und Freiheit. Syrer laufen weg" traurige Popularität erlangt, ist außerdem bekannt für ihre dreiminütigen Hetztiraden am Ende der Sendung, in denen sie regelmäßig linke Politiker verunglimpft.

Das ähnliche Medienportal Breitbart News schreckt auch nicht vor gezielten Falschinformationen, den *fake news*, zurück. Zu Artikeln gehört beispielsweise: „Verhütungsmittel machen Frauen unattraktiv und verrückt" (Dezember 2015) In diesem Artikel führt der Autor Milo Yiannopoulos aus:

„Wir brauchen die Kinder, wenn wir uns ausreichend vermehren wollen, um die muslimischen Invasoren in Schach zu halten." Das bedient die Islamophobie der Leser. Diese Medienplattformen, die als *ultra-conservative* oder *alt-right* (alternativ rechts) bezeichnet werden, radikalisieren nicht nur Besitzer von befahrbaren Spirituosengeschäften, sie beeinflussen nun sogar das Weiße Haus.

Tag 26 - Springview, Nebraska (3.005 km.)

Heute bricht ein lang ersehnter Tag an. Ich wollte das Land der Vereinigten Staaten bereisen, um es zu erleben. Das Fahrrad hilft mir als langsames Transportmittel, Menschen zu treffen und die Natur zwischen den Städten zu sehen. Diese rohe Natur, den wilden Westen und die weiten Prärien der USA symbolisiert ein Tier besonders gut. Erst im Mai 2016 hat Barack Obama eben dieses Tier zum offiziellen „Säugetier der Nation" ernannt: Die Rede ist von dem Amerikanischen Bison.

Der Bison wird zwar auch umgangssprachlich Büffel genannt, ist aber nicht mit dem Afrikanischen Wasserbüffel, sondern mit dem Europäischen Bison, bzw. Wisent, verwandt. Als Ikone des wilden Westens und der Great Plains gilt der große Vierbeiner auf jeden Fall. Für den Kontakt mit dem nationalen Säugetier eignen sich vor allem die

Wildreservate der USA und wegen eines dieser Reservate, dem Fort Niobrara National Wildlife Refuge, führt mein Weg durch Nebraska. Nun liegt das Reservat 70 Kilometer westlich von uns und endlich auf der Tagesroute. Gegen Mittag erreichen Abe und ich das Refugium.

Von der Bundesstraße führt eine gut ausgebaute Schotterstraße in das weiträumige Reservat, das eine Fläche von sieben mal elf Kilometern umfasst. Wir überqueren den Niobrara Fluss auf einer Brücke und folgen den Schildern zum Informationsgebäude des Parks. Bisher haben wir keine Warnschilder oder ähnliches passiert, das eigentliche Gehege der Bison liegt sicher hinter dem Informationsgebäude. In diesem Haus sind die Wände beklebt mit Informationspostern über Flora und Fauna des Reservats. Ansonsten stehen in dem Raum vor allem Tische mit Souvenirs. Außer uns und den Kuscheltieren auf den Tischen befindet sich in dem Raum nur eine junge Parkrangerin, die uns von einem Informationstresen aus anlächelt. Wir gehen zu ihr und fragen wie wir uns am besten im Park umsehen können. Daraufhin erklärt sie uns in aller Ruhe verschiedene Rundfahrten durch das Gelände. Abe und ich werfen uns einen fragenden Blick zu.

„Können wir auch auf unseren Fahrrädern die Strecke abfahren?", frage ich.

Sie überlegt kurz und sagt:

„Ja, ihr seid doch auch mit dem Fahrrad reingefahren, oder nicht?"

„Schon, aber nur von der Straße hierher", erwidere ich.

„Dann seid ihr doch schon durch einen Teil des Reservats gefahren. Separate Gehege und Zäune haben wir hinter der Brücke nicht."

Wir sind überrascht. Ich frage zögerlich, ob wir denn auch auf einer der Strecken Bisons sehen können.

„Die Bisons grasen heute etwa hier." Sie zeigt auf einen Fleck auf der Karte nicht unweit der schmalen Linie, die die große Rundfahrt symbolisiert. Dann schaut die junge Dame doch etwas unsicher.

„Lasst mich mal fragen, ob ihr diese Strecke mit euren Fahrrädern abfahren könnt." Die junge Rangerin geht durch eine offene Tür in ein

Hinterzimmer und wir hören, wie sie einen älteren Mann anspricht. Wohl ein Vorgesetzter.

„Da sind zwei Fahrradfahrer, die an der kleinen Herde vorbeifahren wollen. Dürfen die das?"

„Haha, solange sie schneller fahren können als die Büffel laufen! Kein Problem", antwortet die Männerstimme in lachendem Tonfall. Abe und ich wechseln noch einen Blick. Er hat es auch gehört. Auf einem Poster neben dem Tresen steht, dass Bison bis zu 60 km/h schnell laufen können – also viel schneller als wir auf einer Schotterstraße mit Gepäck fahren könnten. Die Ranger wechseln noch ein, zwei unverständliche Sätze und die Dame kommt wieder zu uns.

„OK, kein Problem. Ihr könnt die große Rundfahrt machen!"

Wenig später fahren wir tatsächlich auf der Schotterpiste weiter durch das Reservat. Fairerweise muss gesagt werden, dass die Rangerin uns noch gebeten hat, etwas Abstand zu den Tieren zu halten. Aber außer uns ist weit und breit niemand auf der großen Rundfahrt. Abhalten könnte uns von einer engen Begegnung niemand mehr. Wir kommen an die Stelle, die die Parkrangerin beschrieben hat. Leider versperrt uns ein Hügel die Sicht auf die Prärie und wir lassen die Fahrräder zurück, um zu Fuß über den Hügel zu gehen. Als wir an den höchsten Punkt des Hügels gelangen, sehen wir tatsächlich die grasende Herde direkt vor uns. Die ersten Tiere sind 40 Meter von uns entfernt. Wir holen die Kameras heraus und fotografieren die 50 bis 70 Tiere.

Die Bisons beeindrucken mich mit ihren wuchtigen, muskulösen Körpern. Laut National Geographic werden die Bullen bis zu einer Tonne schwer und bis zu 3,5 Meter lang, ohne Schwanz. Die Tiere gebieten zwar Respekt, furchteinflößend wirken die ruhigen Tiere aber nicht. Wenn man sie mit Distanz beobachtet und sie genügend Platz zur Flucht haben, greifen die Bison nicht an – so die Theorie. Nach einigen Minuten heben dann aber doch zwei Tiere den Kopf. Vielleicht können sie uns riechen. Die zwei Tiere mustern uns nun aufmerksam. Dann drehen sie ihre massigen Körper zu uns um und beginnen in Seelenruhe in unsere

Richtung zu trotten. Auch wenn die Fotos nun besser werden, gehen Abe und ich intuitiv ein paar Schritte zurück. Als wir uns endgültig umdrehen, verlieren auch die Bisons prompt wieder ihr Interesse an uns. Weiter zurück gehen wir trotzdem.

Die Geschichte des Bisons hat Symbolkraft für die schnelle Erschließung des amerikanischen Kontinents. Parallel zu der auf Brandrodung basierenden, unnachhaltigen Landwirtschaft und parallel zu der Verdrängung der amerikanischen Ureinwohner dezimierten Siedler auch die Bisonherden. Laut des U.S. Fisch & Wildlife Service, lebten vor der Kolonialisierung mehr als 30 Millionen Bisons auf dem amerikanischen Kontinent. Ihr Lebensraum spannte vom nördlichen Kanada bis Tief nach Mexiko und von den Rocky Mountains bis zu den östlichen Bundesstaaten New York und Georgia. Von der riesigen Anzahl der Tiere blieben am Ende des 19. Jahrhunderts nur noch etwa 300 frei lebende Tiere in den USA und Kanada übrig.

In einem Blogartikel des Innenministeriums „15 Facts About Our National Mammal: The American Bison" sprechen die Autoren davon, dass die *europäischen* Siedler in der Erschließung des Landes die Bisons fast bis zur Ausrottung verdrängt hätten. Nur dank des Naturschutzes und mithilfe des *amerikanischen* Innenministeriums wurde die Geschichte des Bisons zu einer „der großartigsten Naturschutzgeschichten aller Zeiten". Das stimmt nur teilweise. Besonders ab 1870 wurde das Büffelleder in Europa immer beliebter und beispielsweise zu Militärstiefeln verarbeitet. Siedler, amerikanische Jägern und auch Ureinwohnern Amerikas jagten die Bisons in der Folge zu kommerziellen Zwecken. Das amerikanische Militär tötete außerdem ganze Büffelherden, um den Ureinwohnern die Lebensgrundlage zu nehmen, berichtet Historiker David Smits. Die amerikanischen Eisenbahnunternehmen engagierten Jäger, um Bisons zu jagen. Das Fleisch ernährte Eisenbahnmitarbeiter und die Tiere blockierten nicht mehr die Züge.

Die Erhaltung der Bisons wurde dann aber tatsächlich eine Erfolgsgeschichte. Besonders der Yellowstone National Park spielt hierbei eine prominente Rolle, da hier die letzten frei lebenden Tiere geschützt wurden und bis zu diesem Tag dort frei leben. Heute leben alleine im Yellowstone Park wieder etwa 4.900 Tiere. In anderen öffentlichen Reservaten der USA leben weitere 15.000 Exemplare. Die größte Anzahl der Tiere lebt aber überraschenderweise in privatem Besitz. Bis zu einer halben Million Tiere leben tatsächlich in den USA. Der Großteil dient zu landwirtschaftlichen Zwecken und wird wohl zu Buffalo-Burgern verarbeitet.

Am Nachmittag erreichen wir die Kleinstadt Valentine, die etwas weniger als drei tausend Einwohner hat. Immerhin ist Valentine die erste Stadt, die wir seit drei Tagen durchqueren. Außerdem bietet Valentine alles was wir brauchen. Ich kann bei dem großen Supermarkt meinen Appetit auf frisches Obst stillen und Abe kann wegen seines Gesäßes zum Arzt gehen. Das bedeutet allerdings auch, dass wir uns hier voneinander verabschieden müssen. Während Abe nach dem Arztbesuch verständlicherweise nicht mehr für den Tag weiterfährt, möchte ich bis zum Abend die Sonne ausnutzen. Die Zeit mit einem Begleiter empfand ich als sehr angenehm. Zu zweit fühlt man sich doch etwas sicherer. Aber unsere Wege hätten sich in jedem Fall getrennt, denn ich möchte einen Umweg über das nördlich von Nebraska liegende South Dakota fahren, um weitere Sehenswürdigkeiten wie den Mount Rushmore zu besichtigen. Abe hingegen fährt weiterhin schnurgerade in westliche Richtung, um direkt nach Wyoming zu fahren. Mit Lebensmitteln für zwei Tage bepackt fahre ich aus Valentine heraus. Mein Handy zeigt 16:00 Uhr an.

Mir könnte noch genügend Zeit bleiben, die letzten 90 Kilometer in Nebraska zurückzulegen. Hier herrscht die Prärie. Auf diese monochrome Landschaft mit ihrem romantischen Reiz der endlosen Weiten war ich sehr gespannt. Jetzt weiß ich: Hinter Valentine markiert die Prärie das Ende der Welt. Der kaum befahrene Highway US-20 windet sich in kilometerlangen Kurven um und über die langgezogenen Hügel. Schaut man nach links, rechts, vorne oder hinten sieht man nichts als das

Grün der Grassteppe. Nur hin und wieder kann man Rinder, Pferde und Bisons irgendwo in der Weite entdecken. Auch Menschen leben hier kaum noch. Kleinste Siedlungen liegen stolze 15 Kilometer voneinander entfernt: 15 Kilometer Prärie, dann Crookston (70 Einwohner), 15 Kilometer Prärie, dann Kilgore (78 Einwohner), 15 Kilometer Prärie, dann Nenzel (20 Einwohner). Erst zweieinhalb Stunden Fahrradfahrt nach Valentine erreiche ich eine Siedlung mit einem kleinen Laden, der mir wie das Zentrum der Zivilisation vorkommt. Aber das Land dehnt sich unaufhörlich immer weiter aus.

Zwei Stunden fahre ich wie in Trance auf dem grauen Asphalt und durch das endlose, grüne, sattgrüne Gras ohne ein weiteres Haus oder eine Querstraße zu sehen. Der Anblick auf die Prärie sieht aus wie der vor einer Stunde. Ist das nicht wirklich der gleiche Hügel? Wie oft habe ich die acht Lieder auf meinem Handy gehört? Fünfmal, sechsmal? Es fühlt sich an, als ob die Zeit stillsteht. Und für eine Stunde tut sie das sogar, denn ein kleines Schild am Straßenrand markiert die Grenze zu einer neuen Zeitzone. Endlich erreiche ich den Ort Merrimack. Hier muss ich morgen nach South Dakota abbiegen und hier kampiere ich für die Nacht. An einem kleinen See mit öffentlicher Badestelle außerhalb der Siedlung schlage ich mein Zelt auf. Was für ein Tag!

Tag 27 - Merriman, Nebraska (3.182 km.)

Vor zehn Tagen hat mir meine Gastfamilie in Chicago empfohlen, unbedingt auch den Badlands National Park zu besuchen. Obwohl auch diesen Park jedes Jahr viele Amerikaner besuchen, kennen ihn im Vergleich zu dem Grand Canyon, Yellowstone und Yosemite Park viel weniger Menschen – insbesondere über Amerikas Grenzen hinaus. Auch ich hatte vor meiner Tour nichts von den *Badlands* gehört. Auf meine Gastfamilie vertrauend habe ich den Park dennoch in meine Route eingeplant. Nun liegt der Park 113 km. nördlich von mir. Die Strecke dorthin sieht auf Google Maps auch denkbar einfach aus: Von Merrimack, Nebraska fährt man immer gerade nach Norden. Zunächst erreicht man

South Dakota, durchquere die Ortschaften Martin und Hisle und stößt schließlich auf den South Dakota Highway 44. Dieser Highway führt an den *Badlands* vorbei und direkt nach Rapid City. Soweit der simple Plan.

In Martin, South Dakota, fülle ich wie geplant meine zwei Wasserflaschen auf und entdecke direkt die Hisle Road, die Verbindungsstraße zum Highway 44. Ab jetzt beginnt der Plan zu bröckeln. Nach der ersten Kurve auf der Hisle Road weicht der Asphalt dem Schotter. Nach der zweiten Kurve weicht der Schotter dem Sand. Das Hinterrad dreht durch, ich verliere häufig das Gleichgewicht, an eine schnelle Fahrt ist nicht zu denken und die Sonne brennt mir unerbittlich auf den Kopf. Um aber auf einer größeren Straße den Highway 44 zu erreichen, müsste ich einen Umweg von 35 Kilometern in Kauf nehmen. Ich probiere es auf der Sandpiste. Verhängnisvollerweise raubt mir der Sand vollkommen die Geschwindigkeit.

Zwei Stunden lang ringe ich mit der Hisle Road. Bisher habe ich aber nur die Hälfte der 45 Kilometer langen Sandpiste überbrückt und meine Wasserflaschen habe ich in der sengenden Hitze längst in meine trockene Kehle geleert. Eigentlich müsste noch die Siedlung Hisle auf dem Weg liegen. Aber was für ein Ort kann das sein, der nur auf einer Sandstraße von 20 Kilometer Länge erreicht werden kann? Auf dem nächsten Hügel beantworte ich mir die Frage: Ein Ort mit vier verlassenen Häusern inmitten von kargem braunem Stein und gelber Steppe.

Auch von der Nähe sehen die vier grauen Holzhäuser herrenlos aus. Die Szene wirkt unheimlich: Alle vier Bungalowgebäude haben eine ähnliche Architektur und stehen in regelmäßigem Abstand nur auf der linken Seite der Straße. Die aufgereihten Häuser scheinen in der trockenen Gegend völlig fehl am Platz. Wasser bekomme ich hier bestimmt nicht. Natürlich habe ich für den Notfall auch einen Wasserfilter und Wasseraufbereitungstabletten dabei, aber in dieser steinigen, trockenen Landschaft werde ich auch kein Brackwasser oder gar einen Bach finden können. Ich halte kurz an, um die Häuser genauer zu inspizieren und in Ruhe über Lösungen für den Wassermangel nachzudenken. Dann höre ich auf der Straße hinter mir ein Geräusch.

Ein schwarzer Pick-up fährt auf der Straße in meine Richtung. Wieder ein schwarzer Pick-up Wagen – und dieses Mal an einem unheimlichen Ort mitten in der Steppe. Der Wagen kommt dichter, wird langsamer und bleibt neben mir stehen.

„Brauchst du Wasser? Man, ich hab hier noch nie einen Fahrradfahrer gesehen."

Der Fahrer lehnt sich zu seinem offenen Fenster und schaut mich und meine Sachen neugierig an. Mir fallen seine schulterlangen schwarzen Haare und markanten Wangenknochen auf, die trotz einer korpulenten Figur und eines runden Gesichts hervorstehen. Der Mann ist alleine in dem Wagen und hat auf seinem Beifahrersitz eine Palette mit Wasserflachen, die ich mit offenem Mund anstarre ohne ein Wort zu sagen. Der Mann folgt meinem durstigen Blick und kennt die Antwort auf seine Frage, bevor meine trockene Zunge sie formen kann. Prompt reicht er mir eine Plastikflache mit einem halben Liter Wasser.

„Ich hatte gedacht, Hisle wäre etwas größer. Der Ort ist sogar auf der Karte eingezeichnet."

„Früher war die Siedlung auch noch etwas größer. Wir hatten sogar einen kleinen Laden. Den gibt es aber schon sieben Jahre nicht mehr", erklärt mir der Mann mit den pechschwarzen Haaren.

„Vielen Dank noch einmal für das Wasser! Eigentlich hätte ich wohl genug gehabt, aber der Sand auf dem Weg bremst mich stark ab."

„Ja, hier im Reservat sind viele kleinere Straßen nicht befestigt."

Ich stutze. Das Wort „Reservat" benutzt man im Amerikanischen eigentlich nur für Indianerreservate. Der Mann schaut mich immer noch freundlich an. Ich mustere noch einmal seine langen schwarzen Haare und seine Wangenknochen. Ich begreife, dass ich tatsächlich in einem Indianerreservat bin.

„Oh, ich habe gar kein Schild gesehen. Ist es denn überhaupt in Ordnung, dass ich hier fahre?", frage ich verlegen. Der Mann lächelt. Anscheinend habe ich mich gerade als Nicht-Amerikaner verraten. Der

Mann schmunzelt weiter und antwortet:

„Nein, Schilder haben wir hier nicht. Natürlich kannst du hier fahren."

Ok, anscheinend ist hier ein Reservat etwas ganz Normales. Eine klare Vorstellung von Indianerreservaten hatte ich zwar nicht, aber ich hätte auch nicht gedacht, dass man sich einfach in eines verirren kann.

Der Mann verabschiedet sich und fährt weiter. Just in dem Moment öffnet sich die Tür des nächstgelegenen Hauses. Ein kleiner Junge, vielleicht fünf oder sechs Jahre alt, springt mit drei Wasserflaschen heraus und läuft aufgeregt auf mich zu. Schüchtern übergibt er mir die Flaschen. Nachdem ich mich erstaunt bei ihm bedanke, schaut der kleine Junge einmal kurz hoch und rennt sofort zurück. Sind die Häuser doch bewohnt? Anscheinend schon. Gerade eben hatte ich noch Durst und habe mir ernsthafte Sorgen gemacht. Jetzt sind meine Wasserflaschen wieder voll. Die herzensguten Menschen hier haben nichts mit der kargen Landschaft gemein.

Dass der Mann über das Reservat nur beiläufig redet und Fahrradfahrer selbst die Gegend erkunden können, liegt an der Größe des Pine Ridge Indian Reservation. Mit einer Fläche zehnmal größer als das Bundesland Berlin und etwa 30.000 Einwohnern ist das Reservat der Oglala Sioux Indianer eines der größten der 326 Reservate in den USA – so das *Bureau of Indian Affairs*. Das Reservat kann mit eigenen Schulen, Krankenhäusern, Highways, einem kleinen Flugplatz und den Kleinstädten Pine Ridge und Oglala, in denen auch Nicht-Ureinwohner leben, aufwarten. Unweit meiner Radstrecke windet sich außerdem der Wounded Knee Bach, an dessen Ufer sich 1890 das Wounded Knee Massaker zugetragen hat – einem der letzten großen blutigen Konflikte zwischen amerikanischen Ureinwohnern und der US-Armee.

Generell unterscheiden sich die Reservate von anderen Landkreisen: Meist verwaltet ein gewählter Stammesrat das Gebiet und die Stämme dürfen Kleinkriminelle selbst schuldig sprechen und bestrafen – allerdings nur die indianischen Bewohner des Reservats. Typisch ist auch, dass Konsum von Alkohol illegal ist, das Glücksspiel aber erlaubt. Dieses

Reservat unterscheidet sich aber vor allem wirtschaftlich vom Rest des Landes: In keinem anderen der 3.143 Landkreise der USA ist das pro-Kopf-Einkommen derart gering wie in Oglala Lakota, der als Landkeis einen Großteil dieses Reservats bildet. Durchschnittlich erhalten Bewohner von Oglala Lakota über 15 Jahren monetäre Einkünfte von 8.768 Dollar im Jahr – im Gegensatz zu 28.155 im Rest des Landes. Nur knapp 25% der Bewohner hier arbeiten oder suchen als registrierte Arbeitslose aktiv nach Arbeit. Auch eine Selbstversorgung durch Landwirtschaft kann in diesem trockenen Landstrich nicht funktionieren. Es ist diese Armut, die sich an den vier Häusern in Hisle ablesen lässt.

Erst kurz vor dem Badlands National Park bei der Kleinstadt Interior endet das offizielle Gebiet der Ureinwohner. Von hier aus hat man bereits einen fantastischen Blick über die fantastische Landschaft: Sechzig Meter hohe zusammenhängende Gesteinsformationen, Schluchten und Hügelketten formen eine Marslandschaft, eine geschrumpfte Gebirgslandschaft mitten in der Prärie. Die verschiedenen Gesteinsschichten, die in der Abendsonne in gelben und roten Farben leuchten, faszinieren mich sofort. In den nächsten 50 Kilometern führt die Bundesstraße an dieser Landschaft vorbei und ich komme aus dem Staunen nicht heraus. Erst als ich in Scenic ankomme, verschwinden die letzten Ausläufer hinter mir.

Jetzt bin ich unheimlich erschöpft. Trotz der Schotter- und Sandpiste liegen 170 Kilometer hinter mir. Hoffentlich gibt es irgendwo in der kleinen Siedlung die Möglichkeit, mein Zelt aufzuschlagen. Aber die Siedlung mit zehn Einwohnern sieht verwahrlost aus, es könnte ein verlassenes Set aus einem Wildwestern Film sein: Nur die Hauptstraße ist asphaltiert und zwischen dem Asphalt und den Holzveranden der verfallenden Häuser liegen noch jeweils vier Meter breite Schotterstreifen – genug Platz, um die Pferde der Cowboys anzubinden. An der Hausfront des ehemaligen Saloons hängen noch etliche Rinderschädel als Dekoration. Schaut man an den Schädeln vorbei, zwischen den Häusern hindurch, kann man in jeder Richtung weit über das karge Land sehen.

Dort, etwas abseits der eigentlichen Siedlung, sehe ich zufällig, wie ein Mann gerade um sein Haus geht. Schnell fahre ich zu dem Grundstück fünfzig Meter hinter dem letzten Haus der Hauptstraße. Der Mann ist etwa vierzig Jahre alt, trägt über seinem stämmigen Körper ein weißes, ärmelloses T-Shirt und hat eine Glatze. Er schaut auf und sieht, wie ich vor seiner Auffahrt bremse.

„Guten Abend! Ich suche einen Platz zum Zelten. Wissen Sie, wo ich mein Zelt aufschlagen könnte?", frage ich hoffnungsvoll.

„Klar", sagt der Mann mit einer ruhigen, tiefen Stimme.

„Die Fläche zwischen meinem Haus und der Siedlung gehört auch zu meinem Grundstück. Da bei dem Schuppen störst du niemanden."

Das Stück Feld hinter dem verlassenen Schuppen reicht mir völlig und ich nicke dem Mann zu, der sich umdreht und in sein Haus geht ohne ein weiteres Wort zu verlieren. Bevor ich mich selbst umdrehe, fällt mir noch die Fahne auf dem Haus des Mannes auf. Sie zeigt eine Schlange auf gelbem Hintergrund und den Schriftzug: „Tritt nicht auf mich!" Die Flagge von South Dakota ist blau, soweit ich weiß. Und die Flagge mit der Schlange meine ich auch in anderen Staaten schon einmal gesehen zu haben. Woher kenne ich die Flagge? Ich komme nicht darauf.

Tag 28 - Scenic, South Dakota (3.331 km.)

Um Punkt neun Uhr morgens, als ich gerade meinen Schlafsack zusammenrolle, kommt der Mann von gestern Abend aus seinem Haus. Anstatt zu seinem Pick-up zu gehen, läuft er auf der Straße in meine Richtung. Vielleicht möchte er mit mir reden? Ich stehe auf und wünsche ihm einen guten Morgen. Freundlich nickt der Mann zurück, bleibt aber nicht stehen. Er geht an mir vorbei, weiter in Richtung der anderen Häuser.

„Entschuldigung", rufe ich dem Mann hinterher.

„Wo kann ich denn hier meine Wasserflaschen auffüllen?"

Der große Mann dreht sich um und antwortet:

„Ich will gerade meinen kleinen Shop dort drüben aufmachen. Komm einfach vorbei." Gestern Abend hatte ich gar nicht gesehen, dass es hier sogar einen Laden gibt!

Kurze Zeit später erzählt Brian mir im Laden davon, dass Scenic schon immer eine kleine Siedlung war, die von Reisenden und etwas Landwirtschaft lebte. Heutzutage fahren die Touristen mit ihren großen Wohnmobilen einfach von Interior nach Rapid City ohne anzuhalten – nach Scenic verlaufe sich kaum noch jemand. Motiviert von Brians Gesprächigkeit frage ich ihn, was die Fahne mit der Schlange auf gelbem Hintergrund bedeutet, die über seinem Haus hängt. Auch in der Nacht bin ich nicht mehr darauf gekommen.

„Die Fahne habe ich auf einer Tea Party Veranstaltung gekauft. Weißt du, was die Tea Party Bewegung ist?" Das weiß ich in der Tat: Mit europäischen Maßstäben würde die Tea Party als libertäre, ultrakonservative und nationalistische Gruppierung gelten. In Neuengland hat die politische Organisation den Ruf, dass die Mitglieder gleichermaßen die Bibel und eine ursprüngliche Interpretation der US-Verfassung verehren.

„Soweit ich weiß, ist das eine besonders konservative Bewegung innerhalb der Republikanischen Partei", versuche ich es diplomatisch. Mit meiner Antwort treffe ich einen Nerv bei Brian.

„Klar, die Republikaner versuchen jetzt, die Tea Party Anhänger für sich zu gewinnen. Ursprünglich war die Bewegung unabhängig von der Republikanischen Partei. Es ist eben eine echte *grassroots* Bewegung." Mit dieser Bezeichnung beschreibt Brian, dass die politische Bewegung von der Bevölkerung, also den Wurzeln der Gesellschaft, ausgeht und nicht von Parteieliten.

„Was begeistert dich denn besonders an der Politik der Tea Party?", frage ich Brian.

„Ich finde, dass sich die Regierung einfach mehr aus unserer Arbeit und unserer Wirtschaft heraushalten sollte. Jeder Eingriff der Regierung beschränkt unsere Freiheit, verstehst du?" Ich nicke und Brian redet jetzt immer leidenschaftlicher weiter:

„Alle ausufernden Ausgaben der Regierung werden letztendlich durch meine Steuern finanziert. Unter dieser ungeheuren Steuerlast brechen wir bald zusammen. Außerdem nehmen die offiziellen Läden des Nationalparks uns bereits jetzt das Geschäft weg. Wovon sollen wir leben?"

Brian zielt damit auf die ursprüngliche Motivation hinter der Tea Party Gründung 2009 ab – sie war Ausdruck gegen Obamas linke Wirtschaftspolitik und für bedingungslos freiheitsorientierte Ideologie. Einige Gallionsfiguren der ursprünglichen Tea Party wie der ehemalige Kongressabgeordnete Ron Paul lehnen sogar homosexuelle Ehen nicht kategorisch ab. Schließlich würde das Verbot von homosexuellen Ehen persönliche Freiheiten beschneiden.

Seit der Gründung der Tea Party hat sich die Strömung allerdings sehr gewandelt. Wie die Amerikanistin Eva Schweitzer in ihrem Buch *Tea Party – Die weiße Wut* herausarbeitet, hat sich ein zweiter, ein „neokonservativer" Flügel gebildet. Dieser löst sich von dem bedingungslosen Streben nach Freiheit: Neokonservative äußern nationalistische Forderungen wie eine Bekämpfung des Islamismus und ein größeres militärisches Engagement der USA in der Welt. Auch das Streben nach einer möglichst erzkonservativen, christlichen Kultur spielt eine große Rolle im neokonservativen Flügel. Freiheit ist ein Slogan, aber kein gelebter Wert.

Diese neokonservative Bewegung ist neben anderen Randgruppen ein wichtiger Bestandteil der alternativen Rechte – oder *alt-right*. Auch in Washington D.C. haben diese Strömungen in verschiedenen Facetten Wurzeln geschlagen: Tumps Vizepräsident Pence und Justizminister Sessions vertreten strikt neokonservative Werte. Eine Gruppe von etwa drei Dutzend republikanischen Kongressabgeordneten, der sogenannte *Freedom Caucus*, kämpft gegen jegliche Reglementierung der Wirtschaft und repräsentiert gleichzeitig erzkonservativ christliches Gedankengut. Die Geister, die die Tea Party hervorrief, wird die republikanische Partei nun nicht mehr los. Selbst gemäßigte und extreme Republikaner finden untereinander immer weniger zueinander. Der Freedom Caucus blockierte beispielsweise Trumps Gesundheitsreformen, weil ihnen die Pläne nicht weit genug gingen.

Direkt vor Rapid City befindet sich ein passender Zeltplatz, auf dem ich nicht nur heute zum Independence Day bleiben möchte, sondern auch morgen für einen Rasttag. Ich erreiche ihn sogar am frühen Nachmittag. So kann ich den Rest des Tages nutzen, um Lebensmittel einzukaufen, das Fahrrad gründlich zu reinigen und meiner Familie und Freunden zu schreiben. Schließlich hatte ich meiner Mutter versprochen, spätestens alle drei Tage ein Lebenszeichen von mir zu geben und seit der Übernachtung in Springview hatte ich keinen Zugang zum Internet mehr. Bis zum Abend bin ich damit beschäftigt.

Dann genieße ich aus dem Pool des Zeltplatzes den Ausblick über die Stadt Rapid City. Um Punkt zehn Uhr glitzert über der Stadt das traditionelle Independence Day Feuerwerk. Hiermit feiern am 4. Juli die Amerikaner überall im Land die Unabhängigkeitserklärung von 1776. Diese hatte die historische Tea Party, die Boston Tea Party, maßgeblich mit angestoßen.

Der Rand des Badlands Nationalparks ist von Weitem zu sehen.

Die Bisons sind an mir interessiert

Rinderschädel schmücken die verlassene Bar in Scenic, SD

Woche 5

Forever West
(860 Kilometer)

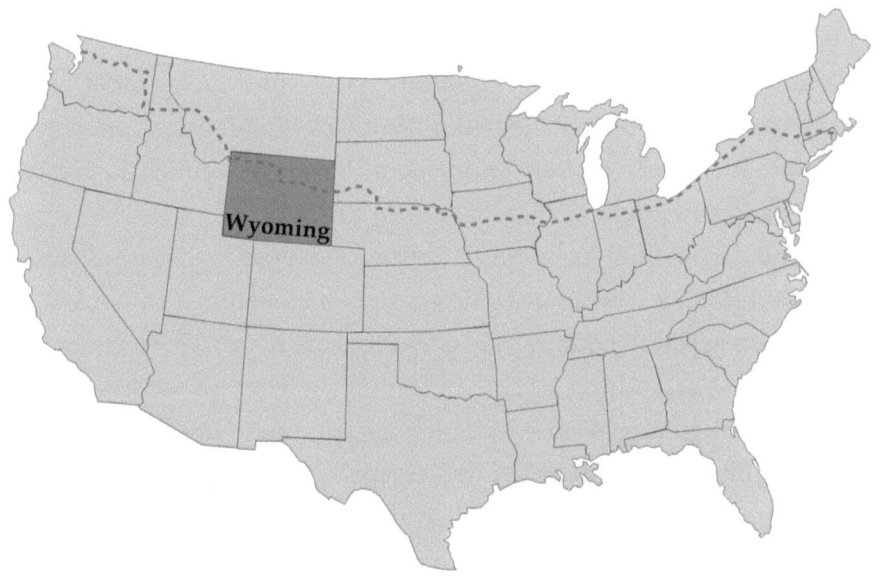

Tag 29 - Rapid City, South Dakota (3.371 km.)

In den letzten zwei Tagen konnte ich mich und meine Muskeln motivieren, indem ich mir den freien Tag vor Augen hielt. Nun fehlt mir für jegliche Motivation schlicht die mentale Energie. Kraftlos und wie gefesselt liege ich eine Stunde lang auf der Luftmatratze, nachdem ich aufwache. So etwas ist mir auf der Tour noch nicht passiert. Woran liegt es? Vielleicht habe ich noch mehr Gewicht verloren. Oder ich vermisse den Kontakt zu Menschen, seitdem Abe und ich nicht mehr zusammenfahren. Vielleicht liegt das Problem auch einfach an meiner Motivation. Wenn ich ehrlich zu mir bin, habe ich einfach keine Lust mehr, Fahrrad zu fahren.

Während ich in der Zeltplatz Kantine den vierten Pfannkuchen in Sirup ertränke, zeigt mir mein Handy an, dass es sich mit einem WLAN vom Zeltplatz verbinden kann. Wie gewohnt rufe ich zunächst bei meiner Mutter an, die Verbindung bricht aber immer wieder ab. Das WLAN ist doch nicht stark genug. Dabei hätte ich gerade heute lieber noch länger mit meinen Eltern telefoniert. In den Gesprächsfetzen, die ich verstehe, klingt meine Mutter aber sehr fröhlich und beruhigt. Sie hebt kurz eine ausgedruckte USA-Landkarte vor ihr Gesicht, auf der sie gewissenhaft meinen Plan und meine tatsächlichen Aufenthaltsorte notiert.

„Wir … stolz. Schon … City, … so weit" sind Satzteile, die ich verstehen kann. So besorgt wie vor einigen Wochen klingt meine Mutter nicht mehr. Bei meiner Familie hat sich wohl etwas Routine eingespielt. Das freut mich natürlich, aber nun möchte ich auch nicht erwähnen, dass ich mich heute ziemlich schlecht fühle und in der kommenden Woche die Gefahren durch wilde Tiere am höchsten sind.

Kurzerhand entschließe ich mich, Anya über das reguläre Handynetz anzurufen. Bisher haben wir einander nur sporadisch SMS geschrieben. Schließlich wollen wir ja keine Fernbeziehung und viel telefoniert haben wir auch vorher nicht. Aber ich möchte ihre Stimme hören.

„Guten Morgen, Anya. Ich hoffe, ich habe dich nicht geweckt."

„Was für eine schöne Überraschung! [Anya gähnt beherzt] Nein, nein, ich bin schon seit Minuten wach."

Tatsächlich geht es mir schon etwas besser. Anya und ich unterhalten uns über das Kunstmuseum in Des Moines, meine Abenteuer der letzten Woche und über den Tag am Strand, den Anya gestern nahe Philadelphia verbracht hat. Dann erzähle ich ihr davon, dass ich mich heute ziemlich mies fühle. Anya reagiert prompt mit einer liebevollen Strenge:

„Ja, das ist doch ganz klar, dass du auch mal keine Lust mehr hast! Hast du gedacht, du machst einen Spaziergang durch den Park?" Ich muss lachen und alle Camper, die noch beherzt Pfannkuchen verputzen, drehen sich zu mir um. Ich solle mir heute einfach die Stadt Rapid City ansehen, etwas entspannen und nicht allzu viel an morgen denken.

Ich folge Anyas Rat und fahre in die Innenstadt. Rapid City wurde 1876 gegründet, nachdem kurz zuvor in den anliegenden Black Hills Bergen Gold gefunden wurde und damit eine Welle der Zuwanderung in dieses Gebiet ausbrach. Rapid City dient immer noch als Basislager für Menschen, die in diese Region kommen. Heute lockt aber nicht mehr die Hoffnung auf den großen Reichtum, sondern die großen Gesichter von vier Präsidenten, die in den Berg Mount Rushmore gehauen wurden. Rapid City besteht auch aus einem militärischen Basislager: Die hier ansässige Ellsworth Air Force Base, ein Stützpunkt der amerikanischen Luftwaffe, ist der größte Arbeitgeber des gesamten Bundesstaates South Dakota. Die Luftwaffe stationiert hier unter anderem eine wichtige Einheit von Langstreckenbombern. Bis in die 90er Jahre befanden sich außerdem in einem gewaltigen Areal nördlich der Stadt 150 Startsilos für Interkontinentalraketen mit atomaren Sprengköpfen. (Die USA haben auch immer noch ein Arsenal von 450 Langstreckenraketen mit Atombomben.)

Die Stadt der Goldschürfer, Touristen und Bomberpiloten macht mir einen sympathischen Eindruck. Mit knapp 70 Tausend Einwohnern leben vergleichbar viele Menschen in Rapid City wie in Sioux City, die charmante Innenstadt von Rapid City mit Cafés und kleinen Geschäften übertrifft die von Sioux City aber bei Weitem. Hier kann man wunderbar durch die Straßen schlendern und bei einem Kaffee die Seele baumeln lassen. In einer Buchhandlung finde ich sogar ein Exemplar der New York Times. Das ist die erste Möglichkeit seit Chicago, eine der großen, anspruchsvollen Tageszeitungen zu lesen. Bei einem Spaziergang durch die Innenstadt begegne ich zudem allen ehemaligen Präsidenten der USA. Denn von jedem Präsidenten der USA steht in Rapid City, die auch Stadt der Präsidenten genannt wird, eine lebensgroße Kupferstatue.

Die Amerikaner faszinieren sich für ihre Präsidenten. Einige Präsidenten wie John F. Kennedy wurden unheimlich geschätzt, manche wie Richard Nixon wurden verachtet und wiederum andere wie Abraham Lincoln wurden zu mythenumwobenen Legenden geformt. Ein Präsident kann aber auch gleichzeitig Kultobjekt oder Staatsfeind Nummer Eins verkörpern – je nach Betrachter. Auf jeden Fall steht der Präsident stets im Zentrum der gesellschaftlichen Aufmerksamkeit. Schließlich dient ein Präsident nicht nur als erster Volksvertreter.

Ein Präsident lenkt außerdem als Oberbefehlshaber die Armee, er schlägt Richter für das Verfassungsgericht vor und kann unter anderem durch sein Vetorecht Einfluss auf die normale Gesetzgebung nehmen. Als Kopf der Exekutive ernennt der Präsident außerdem die Minister und kann deren Bundesbehörden mit Dekreten, den sogenannten *executive orders*, steuern und so defacto Gesetze im Alleingang erlassen.

Der fortlaufende Wahlkampf bietet sich auch immer für die Nachrichtensendungen im Fernsehen an. Grund dafür ist neben der Faszination für das Amt des Präsidenten auch der Wahlprozess. Um von den Parteien der Republikaner oder der Demokraten aufgestellt zu werden, müssen die Kandidaten bei Vorwahlen in Bundesstaaten mehr Delegierte für sich verpflichten als innerparteiliche Konkurrenten. Einzigartig machen die Vorwahlen, dass im Gegensatz zu der Bestimmung der Kanzlerkandidaten in Deutschland prinzipiell jeder Amerikaner die Möglichkeit hat, bei einer der Vorwahlen zu wählen oder selbst gewählt zu werden. In den meisten Bundesstaaten reicht es aus, sich bei dem Einwohnermeldeamt als Demokrat oder Republikaner registrieren zu lassen. Dieses System macht es erst möglich, dass Personen wie Donald Trump, der nie ein politisches Amt bekleidet hat und mindestens fünfmal die Parteizugehörigkeit gewechselt hat, die Nominierung der Republikanischen Partei erlangen kann.

Tag 30 - Rapid City, South Dakota (3.371 km.)

Am 4. Oktober 1927 starten die Arbeiten an der Bergspitze des Mount Rushmore. Mit dem erklärten Ziel, Touristen nach South Dakota zu locken, beginnen der Bildhauer Gutzon Borglum und bis zu 400 Arbeiter vier 18 Meter hohe Gesichter von Präsidenten in das Granitgestein zu schlagen. Dabei konfrontieren Borglum größere Probleme als die immensen Dimensionen des Bauwerks. Das Projekt ist auf Finanzierung durch die Bundesregierung angewiesen und droht mehrmals zu scheitern. Als sich die USA vierzehn Jahre später zunehmend im zweiten Weltkrieg engagieren, trocknen endgültig die letzten Geldquellen aus. Obwohl die vier Präsidenten ursprünglich bis zur Hüfte dargestellt werden sollten, wird das Mount Rushmore Monument 1941 auch ohne Oberkörper eingeweiht. Das Wahrzeichen des amerikanischen Nationalismus ist fertig.

Mount Rushmore zu finden fällt mir leicht. Von Rapid City aus führt die Bundesstraße US-16 direkt durch den etwa 100 km langen Gebirgszug der Black Hills, dessen Größe dem Schwarzwald ähnelt. Die breite vierspurige Straße windet sich in langen Kurven das Gebirge hinauf und verläuft sogar nur wenige Kilometer an Mount Rushmore vorbei. Dorthin führt eine kleinere, aber ebenfalls gut befestigte Straße. Die Strecke zum Monument bedeutet für Autofahrer aus Rapid City nur eine halbstündige Fahrt. Für mich als Fahrradfahrer wandelt sich der Weg in stundenlange Folter. Denn die langgezogenen Kurven führen steil und unablässig die Berge hinauf. Auch weil meine Motivation noch nicht komplett zurückgekehrt ist, quäle ich mich. Der freie Tag und das Telefonat mit Anya haben mir zwar geholfen, aber heute Morgen musste ich mich sehr überwinden, um loszufahren.

Als ich die Kleinstadt Keystone erreiche, die sich nur drei Kilometer entfernt vom Monument befindet, sind gut drei Stunden vergangen. Allerdings bilden die verbleibenden drei Kilometer das steilste Stück des Passes. Ich fluche laut, als ich mich den Berg hinaufschufte und andere Touristen mich in ihren zwölf Meter langen, luxuriösen Wohnmobilen überholen. Langsam beginne ich zu verstehen, welche Prüfung mit den Rocky Mountains auf mich wartet und in mir wächst eine Wertschätzung dafür, dass das „Mount" in Mount Rushmore „Berg" bedeutet. Bis auf etwa 1.600 Höhenmeter muss ich mich und mein Gepäck schleppen. Das ist höher als der Feldberg im Schwarzwald, der höchste Berg Deutschlands außerhalb der Alpen, und 500 Meter höher als der Brocken im Harz. Hätte man nicht einfach in der Prärie große Betonskulpturen von den Gesichtern aufstellen können?

Dann erreiche ich endlich das Gelände des Nationalparks. Sofort wird mir klar, warum Mount Rushmore auch *Shrine of Democracy* (Schrein der Demokratie) genannt wird. Ein Weg aus Steinplatten, gesäumt von den 50 Fahnen der Bundesstaaten, führt gerade auf die Bergwand zu, unter der Aussichtsplattform befindet sich ein Museum und am Rande der Plattform sind Zitate aus Reden der vier verewigten Präsidenten in Platten eingraviert. Das Gelände taugt als Tempel des Patriotismus. Dass die 18 Meter langen Gesichter von George Washington, Thomas Jefferson, Abraham Lincoln und Theodore Roosevelt in der Ferne etwas klein erscheinen und die Kulisse nicht annähernd so beeindruckend wirkt wie in Filmen, scheint niemanden zu stören.

Insgesamt erfüllt das Monument auch seinen ursprünglichen Zweck. Laut der Stadt Rapid City kommen jährlich drei Millionen Besucher, um Mount Rushmore zu sehen. Ich frage mich, ob so etwas auch in Deutschland funktionieren könnte: Große Abbilder von Otto von Bismarck, Friedrich Ebert, Konrad Adenauer und Willy Brandt in einen abgelegenen Berg im Schwarzwald geschlagen, um den patriotischen Touristen anzulocken. Wohl nicht. Dieser Patriotismus hat sich in den USA aber in ein hauptsächlich unbewusstes, aber omnipräsentes

Kulturgut verwandelt. Ebenso tragen ja auch die Hauptstadt des Landes und ein Bundesstaat den Namen des Gründungsvaters George Washington. Mich kotzt der *Shrine of Democracy* an. Nach zehn Minuten habe ich genug von den kleinen Gesichtern im Berg und der kitschigen Propaganda drum herum. Ich ärgere mich, dass ich dafür nicht nur stundenlang mit der Steigung gekämpft habe, sondern überhaupt durch die Black Hills fahre. Schnell bin ich zurück auf der Bundesstraße und fahre weiter durch den Gebirgszug.

Auf der Straße erreiche ich am Nachmittag die Kleinstadt Custer, immer noch in dem Gebirgszug gelegen. Von hier aus führt meine Route geradewegs nach Westen und damit nach Wyoming und zurück in die Prärie. Obwohl ich gestern noch keine Lust zum Fahrradfahren hatte, erklimme ich heute insgesamt knapp zweitausend Höhenmeter und damit deutlich mehr als am zweiten Tag der Tour. Meine Ausdauer und Kraft müssen sich bereits deutlich verbessert haben. Denn als ich am zweiten Tag in Albany ankam, hatte ich unheimliche Schmerzen und war sehr erschöpft.

Warmer Sonnenschein und schöne Ausblicke belohnen mich zusätzlich. An einer Aussicht hat man einen fantastischen Blick über einen Canyon und ein großes baumloses Areal. Eine Plakette informiert den Leser, dass ein Waldbrand im Jahr 2000 hier ein Gebiet von 330 Quadratkilometern Wald vernichtet hat. Glücklicherweise kamen bei diesem riesigen Brand keine Menschen zu Schaden. „Lediglich ein Berglöwe fiel den Flammen zum Opfer", berichtet die Plakette weiter. Meine Motivation steigt rapide, vor Sonnenuntergang Newcastle zu erreichen und nicht mit Berglöwen im Gebirge zelten zu müssen.

Als ich Wyoming erreiche, beginnt sich die Sonne oberhalb von Newcastle und mir direkt gegenüber orange zu färben. Mit diesem Hintergrund wirkt das Schild an der Grenze des Bundesstaates mit dem Schriftzug „WELCOME TO WYOMING. FOREVER WEST" wie eine ominöse Vorsehung. Den Zusatz „Forever West" wählte der Bundesstaat sehr bewusst. Wie Ute Mehnert in ihrem Buch *USA* treffend beschreibt, definiert sich der Westen der USA vor allem durch den Antagonismus zum Osten. Während puritanische Einwanderer harte Arbeit schätzten und im Nordosten sesshaft wurden, zogen zuerst solche Menschen mit der *frontier* (der Grenze der Zivilisation) weiter nach Westen, die durch den Pelzhandel oder das Goldschürfen nomadisch lebten und schnell reich werden wollten. Für die Expansion der Landwirtschaft und Lebensgewohnheiten Neu-Englands eignete sich auch schlicht die Geografie nicht: In Rapid City fällt jährlich nur etwa 40% der Regenmenge Bostons. Wie Historiker Colin Woodard erklärt, waren vor allem Angestellte von Großunternehmen die ersten Menschen, die sich in Wyoming und anderen Staaten des fernen Westens dauerhaft niederließen. Arbeiter für die Telegraphenindustrie, Bahnunternehmen und Rohstoffminen bildeten schon in der zweiten Hälfte des 19. Jahrhunderts die Mehrheit der Bevölkerung in den Bundesstaaten des Westens. Das kreierte eine Gesellschaft mit völlig anderen Werten als Gemeinschaften der Ostküste oder des mittleren Westens. Hinter dem Bundesstaatsschild wartet also ein Amerika, das Besuchern der Küstenregionen vollkommen verschlossen bleibt. Aber in Wyoming wartet nicht nur eine neue Kultur auf mich. Als Hintergrund für die gelbe Schrift des Willkommensschildes dient ein Panorama der Rocky Mountains.

Tag 31 - Newcastle, Wyoming (3.496 km.)

Die erste Prüfung in Wyoming heißt Thunder Basin National Grassland. Dieses weitläufige Grasland erstreckt sich zwischen den Black Hills im Osten und dem Big Horn Gebirgszug im Westen. Die heiße Sonne und das semiaride Klima setzen der Flora hier so stark zu, dass im Vergleich zu der tiefgrünen Prärie in Nebraska diese Grassteppe karg und roh aussieht. Die Gräser hier sind gelb und verdorren, wechseln sich mit kleinen Sträuchern ab und an vielen Flecken wächst überhaupt nichts auf dem braunen Sand. Aber das Land bietet dennoch ein beindruckendes Bild. Kaum eine Bodenwelle hindert den Blick, weit kann ich über die

Prärie hinwegsehen. Allerdings liegen auch keine noch so kleinen Dörfer auf meinem Weg. Von Newcastle bis zu der Kleinstadt Wright führt der Wyoming Highway 450 über 115 Kilometer an keiner einzigen Siedlung vorbei. Von dem Highway aus kann man höchstens alle zehn Kilometer eine Ranch weit im Landesinneren erahnen. Aber wer hier wohnt möchte sicherlich alleine bleiben.

Daher trinke ich vor meinem Start in Newcastle noch so viel Wasser wie möglich, fülle mir alle drei Flaschen auf und stecke mir jeweils eine Plastikflasche mit Wasser in die Taschen meines Fahrrad-Jerseys. Ausgerüstet mit knapp vier Litern Wasser bin ich zuversichtlich, dass mir eine Dehydrierung, der ich im Indianerreservat nur durch Hilfe entgangen bin, heute nicht droht. Und tatsächlich komme ich mit dem Wasser gut aus, denn auf der flachen Strecke kann ich flink fahren. Ich genieße die einsame Fahrt durch die Steppe. Nur die quietschenden *pumpjacks*, die Ölpumpen mit der charakteristischen Auf- und Abwärtsbewegung des Pferdekopfes, leisten mir kontinuierlich nickende Gesellschaft. Wyoming fördert aber nicht nur Öl.

Kurz vor Wright erreiche ich ein Areal, das besonders gut eingezäunt ist. Auch kann ich in der Ferne größere Gebäude und Lagerhallen sehen. Das wundert mich, war doch auf keiner Karte ein Ort an dieser Stelle eingezeichnet. Als rechts von der Straße schier nie enden wollende Züge mit Güterwagons voller Schwarzkohle auftauchen, wird mir klar, was hier gefördert wird. In der *Black Thunder Mine*, einer Tagebaumine, werden laut Betreiber jährlich unvorstellbare 101,2 Millionen Tonnen roher Schwarzkohle gefördert. Nur eine andere Mine auf der Welt, die allerdings nur wenige Kilometer weiter südlich liegt, produziert noch mehr Kohle im Jahr. Auch die Kleinstadt Wright prägen die Kohleminen.

In der Stadt mit knapp zweitausend Einwohnern wohnen fast ausschließlich Familien der Minenarbeiter. Dass die Stadt vor nicht allzu langer Zeit gegründet wurde, erkennt man an dem einzigen Supermarkt in der Stadt. Das Dach und zwei Seiten von *Don's Supermarket* bestehen aus sandfarbenem Wellblech. Es wirkt als ob das Gebäude mit

Leichtigkeit einige Meter versetzt werden könnte. Auf der anderen Straßenseite beginnt wieder das Grasland. Allerdings bietet der Supermarkt eine großzügige Auswahl an Produkten. Meinen Bedarf an 7.000 Kalorien pro Tag (ohne das Fahrradfahren wären 2.200 Kalorien ausreichend) kann ich hier leicht befriedigen.

Die Kleinstadt Wright und die endlosen Weiten der Grassteppe illustrieren auch, dass in Wyoming weniger Menschen leben als in jedem anderen Bundesstaat – einschließlich dem District of Columbia. Lediglich 585 Tausend Menschen wohnen in dem Staat, der gemessen an der Landfläche größer ist als die BRD vor der Wiedervereinigung. Wäre Westdeutschland so spärlich besiedelt wie Wyoming, würden auf der gesamten Fläche Westdeutschlands also nur die Einwohner Dortmunds leben. Außerdem hat ganz Wyoming nur dreißig Krankenhäuser in insgesamt 26 Gemeinden. Das ist eine Klinik pro 8.433 Quadratkilometer. Man stelle sich vor, nur in den 26 größten Städten in Deutschland gäbe es ein Krankenhaus. Somit hätten Städte in Deutschland mit weniger als 250.000 Einwohnern kein Krankenhaus – Kiel, Aachen, Halle, Freiburg, Mainz, Leverkusen, Saarbrücken und Magdeburg würden ebenso ohne Krankenhaus leben müssen wie jede Kleinstadt in Deutschland.

In Wright aber kann ich noch nicht mein Lager aufschlagen. Die Big Horn Mountains sind 140 Kilometer von hier entfernt. Würde ich hier übernachten, besteht die Gefahr, dass ich es morgen in einem Tag nicht über den Gebirgspass schaffe. Ich müsste also in den Bergen übernachten. Im Laufe des späten Nachmittags schaffe ich von den 140 immerhin noch 60 Kilometer, obwohl es langsam hügeliger wird. Um acht Uhr abends etwa erreiche ich Davids Grundstück.

David wohnt in einem kleinen Haus, fünf Kilometer außerhalb des Dorfes Linch, an der Kreuzung zweier einsamer Landstraßen. Als ich an der Kreuzung vorbeikomme, steht David in seiner Einfahrt. Mein mittlerweile gut einstudiertes „Hey, entschuldigen Sie bitte die Störung. Mein Name ist Vincent. Ich fahre mit dem Fahrrad durch die Staaten und suche einen Zeltplatz für heute Nacht" trägt Früchte. David, vielleicht

Anfang dreißig, ein muskulöser und hochgewachsener Mann mit kurzem, dunkelbraunen Haar, gestikuliert auf das brachliegende Feld neben seinem Haus und sagt:

„Mache es dir gemütlich!" Wie Brian in South Dakota erlaubt mir David mit fast gleichgültiger Mine, auf seinem Grundstück zu zelten. Das Haus hat er erst im vergangenen Herbst gebaut und wohnt nun hier mit seiner Frau, seiner zwei Jahre alten Tochter und zwei Hunden. Nach typischen Fragen wie „Wohin fährst du denn?", und „Wie lange bist du schon unterwegs?", fragt mich David, ob ich die *elk*, also die Elche, auf der anderen Seite der Straße einen Kilometer südlich gesehen habe. Ich verneine. An Elche hätte ich mich doch sicher erinnert! Kurzerhand fordert mich David auf, in seinen Pick-up zu springen, und schon fahren wir zur besagten Stelle. David zeigt stolz auf die vier Tiere und parkt den Wagen am Straßenrand. Sein überzeugtes Auftreten verwundert mich: Dort am Hang grasen für meine Begriffe sicherlich sehr große Hirsche, aber keine Elche, die man mit ihren meterlangen Geweihen sowieso eher mit Kanada, Alaska und Skandinavien assoziiert. Ich frage noch einmal vorsichtig, ob dies nun seine *Elche* seien. „Yep" antwortet mir David und erklärt mir, dass Jäger zwischen zwei und drei Tausend Dollar dafür bezahlen, so ein Tier bei einer *canned hunt* zu erlegen. Als *canned hunt* bezeichnet man eine Jagd in eingezäuntem Gebiet. Wenn selbst Jäger viel Geld für so ein Tier hinblättern, muss etwas dran sein. Erst später finde ich heraus, dass Nordamerikaner mit *elk* die nur in Nordamerika und Asien vorkommende Spezies Wapiti meinen. Dieses Tier ist in der Tat größer als der europäische Rothirsch. Der eigentliche Elch wird in Amerika *moose* genannt, denn nur die Briten nennen den Elch auch wirklich *elk*.

Von der Wapitizucht alleine lebt David aber nicht. Er arbeite eigentlich bei einer Ölfirma zehn Kilometer südöstlich von hier, erzählt er mir, als wir wieder in das Auto steigen. Schnell wird das Gespräch politisch. In ruhigem Ton erklärt David:

„Ich bin selbst kein Jäger. Mir würde das ehrlich gesagt keinen Spaß bringen. Aber das Geld für die Zucht bietet einen guten Nebenverdienst für meine Familie. Obwohl meine Frau nach der Geburt unserer Tochter wieder angefangen hat zu arbeiten, können wir das Geld der Jäger sehr gut gebrauchen. Es ist sehr schade, dass immer neue strengere Regulierung die Jagd auf bestimmte Tiere verbietet oder einschränkt." David atmet einmal kräftig ein und aus. Er blickt einmal kurz zu mir, um zu sehen, ob ich ihm folgen kann. Das kann ich.

„Auch die Ölfirma, bei der ich arbeite, hat mittlerweile wirtschaftliche Schwierigkeiten dank Vorschriften aus Washington. Neue Investitionen werden in die unbestimmte Zukunft aufgeschoben", führt David weiter in einem ruhigen Ton aus.

Die Ölindustrie leidet zwar vor allem an niedrigen Marktpreisen für Öl und die Regierung trägt selbstverständlich auch eine gesamt-gesellschaftliche Verantwortung gegenüber der Umwelt und dem Tierschutz. Die Zukunft der Menschen hier hängt aber eben von den einflussreichen Großunternehmen ab.

Tag 32 - Linch, Wyoming (3.682 km.)

Von Davids Haus führt meine Route weiter über kleinere Siedlungen zum Dorf Kaycee mit 261 Einwohnern. Gelegen an einer Autobahn, der Interstate 25, bilden zwei Tankstellen und die *Hole in the Wall Bar* (Loch in der Wand Bar) das Zentrum von Kaycee. Der Kaycee General Store hingegen liegt etwas abseits der asphaltierten Dorfstraße und ist nur über die Schotterauffahrt zu erreichen. Und auch der Parkplatz um das Gebäude herum ist eine Schotterfläche – europäische Kleinwagen wären hier fehl am Platz. Die rechteckige Pyramidenform der hölzernen Fassade und die Veranda lenken etwas davon ab, dass der flache Betonbau ansonsten eher aussieht wie eine Lagerhalle.

Der Wildwest Look der Frontseite spiegelt sich auch in dem Supermarkt wieder. Neben dem Regal mit zwanzig verschiedenen Sorten *beef jerky*, dem getrockneten und geräucherten Rindfleisch, sieht die Obstabteilung mit ungefähr acht Äpfeln und vier Orangen sehr spärlich aus. Das Geschäft verkauft außer Lebensmitteln auch andere Dinge wie Drogerieartikel, Werkzeug, Büroartikel und Kleidung. Besonders die auffälligen T-Shirts stechen einem von der Kasse aus ins Auge. Ein T-Shirt beispielsweise trägt das Muster der Flagge der Konföderierten Staaten. Diese Flagge wurde von 1861 bis 1865 von den Südstaaten während des Bürgerkrieges geführt – also bis drei Jahre vor der Gründung des Wyoming Territory, einem Vorläufer des gleichnamigen Bundesstaates. Heute gilt die Konföderierten Flagge als Symbol für Werte der Südstaaten, für Widerstand gegen Dominanz der Nordstaaten. Wegen der Sklaverei in den südlichen Kolonien zu der Zeit des Bürgerkrieges kann die Flagge aber auch für rassistische Botschaften instrumentalisiert werden. Zwei weitere T-Shirts zeigen den ehemaligen Präsidenten Obama. Auf dem einen Shirt gesellt sich Obamas Gesicht zu denen von Marx, Lenin und Stalin und auf dem anderen T-Shirt steht der Spruch:

„Das einzige, was Obama anbohrt, ist dein Portemonnaie!" Linke Politiker haben es hier schwer: Obama hat in der Präsidentschaftswahl 2008 in keinem anderen Bundesstaat so ein schlechtes Ergebnis erzielt wie hier in Wyoming. Dieser extreme Antagonismus gegenüber Demokraten spielt Trump in die Hände.

Zu Beginn dessen Kandidatur sind es vor allem die folgenden Gründe, mit denen mir meine amerikanischen Freunde begreiflich machen wollen, was passiert: Trump tritt medienwirksam auf und jeder Ausrutscher bringt ihm die gewollte Aufmerksamkeit. Außerdem habe er schwache Konkurrenten. Jeb Bushs Charisma, lange Favorit für die republikanische Kandidatur, gleicht das einer betäubten Schildkröte. Auch die bösartigen Attacken gegen Obama durch Republikaner haben die Menschen nicht nur abgestumpft, sondern auch empfänglich für Trumps teilweise absurden Ausfälle gemacht. Die wichtigsten Erklärungsversuche liegen zu diesem Zeitpunkt aber darin, dass Trump sich erfolgreich als Ritter gegen korrupte Eliten in Washington positioniert und bessere Bedingungen für Unternehmen in Amerika verspricht. Hat Trump damit Bundesstaaten wie Wyoming für sich überzeugt? Fest steht nur: Wyoming hat wiederum dem republikanischen Präsidentschaftskandidaten sein zweitbestes Ergebnis beschert.

Mir begegnen in Wyoming immer größere Hindernisse. Vor mir liegen jetzt die Bighorn Mountains. Als ich in Rapid City meine Route bis nach Montana geplant habe, wusste ich bereits, dass ich mich in Kaycee entscheiden müsste. Zwar führt eine asphaltierte Straße durch das Gebirge, aber diese Route würde einen Umweg von knapp 70 Kilometern bedeuten. Noch zwei weitere Wege verlaufen von hier aus über die Bighorn Mountains: Der erste, die Mayoworth Road, ist etwas kürzer und ist auf dreißig Kilometer nicht befestigt. Der zweite Pfad führt über die Barnum Road. Die zweite Route ist zwar etwas länger, aber Google Maps zeigt nur zwanzig Kilometer des Weges als nicht asphaltiert an. Ich entscheide mich für die Strecke auf der Barnum Road – die größte Fehlentscheidung meiner Tour.

Immerhin komme ich zunächst für 25 Kilometer auf einer asphaltierten Straße gut voran. Hier ändert sich die Landschaft rapide: Zunächst werden die Bodenwellen immer höher, bald ragen massive Felshügel aus dem Boden. Gesteinsschichten in den Felsen und der Sand zwischen verdorrenden Büschen leuchten orange. Ein kleiner Fluss am Straßenrand trägt so viel von diesem gefärbten Sediment, dass sich das Wasser wie undurchsichtige orangene Wandbarbe zwischen den Hügeln schlängelt. Bin ich noch in Wyoming oder schon in einem Star Trek Film? Kaum habe ich mich vergewissert, dass ich noch in Amerika bin, bäumt sich eine dreißig Meter hohe rote Felswand quer vor mir auf. Sie bildet die östliche Außenseite eines Canyons.

Als ich durch die Felsenwand fahre, erstreckt sich vor mir das schmale Tal der Schlucht, das von links nach rechts verläuft. Jenseits des Tales bilden die seichten Berge der Bighorn Mountains die westliche Begrenzung der Schlucht. Der Canyon bedeutet ebenfalls das Ende der asphaltierten Straße. Damit hatte ich an dieser Stelle gerechnet. Sofort gabelt sich die Schotterstraße. Damit habe ich nicht gerechnet. Der rechte Weg führt auf der Innenseite der Steinwand entlang nach Norden, der linke Weg führt weiter das Tal hinab und teilt sich bald darauf wiederum in drei verschiedene Wege auf.

„Mist!", rufe ich laut. Bei meiner Planung im Internet sah es so aus, als ob die Barnum Road ohne Abzweigungen durch das Tal und über die Berge führt. Eigentlich muss ich etwa in nordwestliche Richtung. Denn irgendwo in dieser Richtung liegt 50 Kilometer entfernt und auf der anderen Seite der Berge das nächste kleine Dorf Ten Sleep. Als ich auf der linken Straße etwas weiter das Tal hinunterfahre, kann ich bald erkennen, dass eine der drei Abzweigungen in einer Sackgasse endet. Ein hohes schwarzes Viehgatter versperrt diesen Weg. Obwohl die Sandstraße hinter dem schwarzen Gittertor etwa nach Westen führt und sich sogar auf der anderen Seite des Tals die Berge hochzuwinden scheint, kann dies wohl kaum der richtige Weg sein. Die anderen zwei Abzweigungen schließe ich auch aus. Sie führen entlang des Tals weiter nach Süden.

Ich entscheide mich für den rechten Weg der ersten Abzweigung und dafür, an der Innenseite der Felswand entlang zu fahren. Einerseits fahre ich so nach Norden und diese Schotterstraße wirkt verhältnismäßig befestigt. Vielleicht offenbart sich weiter nördlich ja ein geeigneter Weg über die Berge. Es ist etwa 14:00 Uhr. Knapp eine Stunde fahre ich auf diesem holprigen Weg entlang, sodass die rote Felswand stets rechts über mir in den Himmel ragt. Lediglich an vier alten Ranchhäusern, die weiter unterhalb im Tal liegen, und einem verlassenen Schrottplatz komme ich vorbei. Etwa vier Dutzend Karosserien von Fahrzeugen aus den sechziger und siebziger Jahren rosten hier vor sich hin. Ich debattiere mit mir selbst, ob der verlassene Schrottplatz im höllenroten Canyon oder der Ort Hisle in der Steinwüste des Indianerreservats eine bessere Kulisse für einen Horrorfilm abgibt. Ich tendiere zum Canyon.

Als sich die Straße der Spitze des Canyons nähert und nach Westen abbiegt, wähne ich mich auf der richtigen Spur. Die Ernüchterung kommt prompt. Der Weg, mittlerweile lediglich zwei Furchen durch Autos in die Steppe gefahren, führt direkt in ein abgezäuntes Gebiet. Auf einem grell gelben Schild, das von einem Pfeiler am Straßenrand hängt, steht:

„Betreten verboten! Private Straße. Betreten wird strafrechtlich verfolgt." Das ist das erste Mal, dass ich mich komplett verirrt habe. Mein Handy nützt mir ohne Netz nichts und die Karte, die ich von Wyoming habe, zeigt nur die offiziellen asphaltierten Straßen. Notgedrungen trete ich den Rückweg an.

Als ich wieder die Gabelung am Beginn der Schotterstraße erreiche, ist es bereits 16:00 Uhr. Seit drei Stunden habe ich keine Menschenseele gesehen und nun läuft mir die Zeit davon. Selbst wenn ich jetzt genau den richtigen Weg finde, fahre ich vier bis fünf Stunden lang auf den Schotterwegen über die Bergkette. Sollte ich nur noch einmal falsch abbiegen, müsste ich auf den Bergen übernachten. Allerdings möchte ich auch nicht nach Kaycee umkehren, um doch auf die Mayoworth Road oder die komplett asphaltierte Straße auszuweichen. Dafür bin ich zu weit nach Westen vorgedrungen.

Just in dem Moment aber, in dem ich mich an den Straßenrand setze und meine Bedenken in Gummibären ertränke, höre ich ein Motorengeräusch. Von Kaycee kommt ein schwarzer Honda in Richtung des Canyons gefahren. Sofort stehe ich auf und winke dem Fahrer zu, als der Wagen näherkommt. Das Auto hält neben mir. Eine muskulöse Frau kurbelt überrascht ihr Fenster herunter.

„Kann ich dir helfen?", fragt die Frau unsicher.

„Ja, bestimmt. Ich will eigentlich über die Berge nach Ten Sleep fahren, aber ich habe mich wohl verirrt. Die meisten Straßen sind hier wohl privat."

„Von Ten Sleep habe ich noch nie gehört. Liegt das westlich der Berge?" Es klingt so, als ob hinter den Bighorn Mountains Mittelerde oder Narnia beginnt. Allerdings liegt das 260-Seelen Dorf Ten Sleep auch mehr als fünfzig Kilometer Luftlinie von hier entfernt, obwohl es die nächste Siedlung westlich von hier ist. Ich bejahe ihre Frage.

„Ich kann gerne mal meinen Mann anrufen, der kennt sich in der Gegend viel besser aus", sagt sie freundlich.

„Komm kurz mit ins Haus. Du kannst auch etwas Wasser haben, wenn du möchtest."

Dem Mann von Sarah gehört das erste Haus auf der Straße, auf der ich gefahren bin. Sarah bittet mich herein und gibt mir ein Glas Wasser, bevor sie zu ihrem Haustelefon greift. In dem Telefonat mit ihrem Mann bestätigt sich meine Vermutung. Nur die Barnum Mountain Road führt von hier aus durch den Canyon und die Bighorns hinauf. Das muss die Schotterpiste hinter dem schwarzen Viehgatter sein, die meiner ursprünglichen Mutmaßung nach tatsächlich die Berge hinaufführt.

„Die Mayoworth Road ist eigentlich deine beste Option, auch wenn du nach Kaycee zurückfahren müsstest", sagt mir Sarah.

„Das würde für mich einen Umweg von 50 Kilometern bedeuten. Kann ich nicht irgendwie die Barnum Mountain Road hinauffahren?"

„Naja, die Straße führt durch verschiedene private Grundstücke. Wir kennen leider nicht alle Besitzer. Ansonsten könnten wir natürlich herumtelefonieren."

Es fühlt sich so an, als ob hier das Ende der Welt liegt. Ich bin an einen Punkt gelangt, an dem man herumtelefonieren muss, um weiterzukommen.

Danach recherchiere ich auf Sarahs Laptop die genauen Details der Route über die Barnum Mountain Road. Einige Pfade zweigen zwar von der Bergstraße ab, aber alle Wege jenseits der Baumgrenze münden irgendwann in der Hazelton Road und diese Schotterstraße folgt dem Scheitelpunkt der Bergkette. Von der Hazelton Road verlaufen dann wiederum Wege nach Westen, Richtung Ten Sleep. Die Strecke sollte ich eigentlich finden, aber jetzt ist es für einen Versuch über die Berge zu spät. Nachdem ich Sarah genau das sage, bietet sie mir an, einfach im Garten zu zelten. Allerdings müsse sie jetzt wieder losfahren, denn sie ist zu einem Fidel-Konzert eingeladen. Ich bin gerade dabei, meine Sachen zu packen, als Sarah noch sagt:

„Du kannst aber gerne solange wie du möchtest am Computer arbeiten und dir Wasser abfüllen. Wir schließen das Haus sowieso nie ab. Das macht hier niemand." Zwar wollen die Leute nicht, dass man über die privaten Straßen fährt, aber die Haustüren bleiben auf. Sarah lässt mich ganz alleine in ihrem Haus und am Computer zurück.

Tag 33 - Middle Fork Canyon, Wyoming (3.760 km.)

Am nächsten Morgen klingelt der Wecker um 5:00 Uhr morgens. Nebel wabert in dem Tal des Canyons und schummerige Dunkelheit umhüllt das Gebiet hinter der Felswand. Selbst wenn sich jede Faser meines Langschläferkörpers wehrt und windet, heute überquere ich die Bighorns. Ich fülle alle meine Wasserflaschen auf, esse ein kleines Frühstück und schaue erwartungsvoll die andere Seite des Canyons hinauf. Dort zeichnen sich im heller werdenden Licht die Berge langsam ab. Ich breche gerade das Zelt ab, als mein Blick noch einmal in die Richtung der Berge schweift. Zwei Lichter bewegen sich auf dem dunklen Hang. Ein rotes glänzendes Licht und ein weißer Lichtkegel wandern gleichmäßig auf der Barnum Mountain Road. Jemand fährt dort in einem Auto den Berg hinauf. Ich hoffe, dass Sarah den Besitzer des Geländes hinter dem schwarzen Tor telefonisch erreichen konnte oder dieser mir heute nicht begegnet. Ich nehme meinen Mut zusammen und fahre zum schwarzen Viehgatter. Wie ein Tor zu einem verbotenen Land liegt es in dem immer noch schummerigen Tal vor mir. Unter dem Gatter sind dreißig Zentimeter Platz, sodass ich mein Fahrrad darunter schieben kann. Die Nervosität steigt, aber meine Entschlossenheit gewinnt.

Hinter dem grünen Tal führt der Weg steil den Berg hinauf. Nackt liegt der schroffe, rotbraune Hang über dem Canyon. Am Fuße des Berges ist es so trocken, dass hier nur kleine Büsche wachsen und der Weg sandig ist. Oft bricht mein Hinterrad aus, wenn ich kraftvoll in die Pedale trete, um der Steigung zu trotzen. Die pralle Morgensonne scheint mir mittlerweile erbarmungslos auf den Rücken. Ich frage mich, ob mich Sarah aus ihrem Haus sehen kann, so wie ich das Auto sehen konnte.

Erst als der Canyon weit unter mir liegt und man einen fantastischen Blick über die Schlucht hat, ergänzen Pinien und Felsen den kargen Hang, spenden meinem Rücken Schatten und meinen Rädern Halt. Gleichzeitig versperren die Bäume meine Sicht nach vorn. Das wird mir schnell bewusst. Als ich um eine Kurve und eine Gruppe von Felsen und Bäumen fahre, bleibt plötzlich mein Herz stehen. Mitten in einer Lichtung steht ein schwarzer Pick-up. Erinnerungen an den wilden Farmer in New York kommen wieder auf. Auch jetzt bin ich schließlich auf privatem Gelände. Nun aber befinde ich mich nicht mehr in New York, wo jemand die Polizei ruft. Ich bin im wilden Westen.

Ich beobachte den Wagen und die Lichtung für einige Minuten, aber niemand ist zu sehen. Auch die Vorstellung, jetzt nach Kaycee umkehren zu müssen, flößt mir Furcht ein. Langsam schiebe ich mein Fahrrad vorwärts. Soll ich mich bemerkbar machen, damit ich den Besitzer des Wagens nicht erschrecke und somit mein Wohlwollen ausdrücke? Vielleicht aber sieht mich die Person gar nicht und ich kann unbemerkt weiterfahren? Ich gehe ein Stück weiter und entdecke, dass niemand im Wagen sitzt. Auch in der Lichtung sehe ich niemanden. Dennoch kann ich förmlich spüren, dass mich jemand beobachten. Ich schwinge mich auf mein Fahrrad und fahre mit voller Kraft voraus. Ich drehe mich nicht einmal um. Erst zehn Minuten später, nachdem mir der Sprint endgültig den Atem raubt, bleibe ich stehen und horche konzentriert. Ich höre weder einen Motor arbeiten noch Reifen den Sand durchwühlen.

Wirklich beruhigen kann ich mich allerdings erst, als ich oberhalb der Waldgrenze ein weiteres schwarzes Tor sehe. Dieses Mal muss ich darüber klettern. Obwohl ich sicherlich einfach das nächste private Gelände betrete, entspanne ich mich. Immer weiter steige ich auf, passiere die Baumgrenze, Rinderherden, Schafherden und noch zwei Tore. Die Strecke sieht mit hellgrünen Grashängen und grauen Felsen nun aus wie eine Alpenlandschaft. Nach drei Stunden Fahrt hat sich der Weg auch zu einem kleinen Wanderpfad in der Wiese verjüngt. Bin ich noch auf dem richtigen Weg? An einigen Stellen muss ich das erste Mal auf meiner Tour das Fahrrad schieben. Gerade als ich wieder vom Sattel steigen muss, kommt mir ein Geländewagen entgegen. Ich bin bei dieser Begegnung allerdings entspannt, denn es ist wohl offensichtlich, dass ich mich verfahren habe. Der Wagen hält neben mir an und außer dem Fahrer schauen mich zwei Kinder von der Rücksitzbank aus an. Ihrem versteinerten Gesichtsausdruck zufolge wirke ich auf sie wie ein Außerirdischer.

„Hi!", sage ich freundlich. „Ich glaube ich habe mich verirrt."

Der Mann mustert mich und meine Ausrüstung.

„Ja, das kann ich sehen."

Um unangenehme Fragen zu vermeiden, rede ich weiter:

„Eigentlich wollte ich auf der Hazelton Road fahren. Ich bin wohl vom Weg abgekommen."

„Hazelton ist direkt hinter dem Hügel da vorne!" Der Mann deutet in die Richtung, aus der er kommt.

„Fantastisch, dann mache ich mich gleich auf den Weg."

Der Mann nickt mir zu und fährt weiter.

Und tatsächlich, nach zehn Minuten wird der Pfad das erste Mal seit drei Stunden und mehr als 15 Kilometern den Berg hinauf wieder breiter. Drei hundert Meter weiter verläuft die Hazelton Road, eine gut ausgebaute Schotterpiste. Obwohl man hier vergeblich nach Straßenschildern sucht, kann dies nur die Hazelton Road sein. Denn die Hazelton Road bildet den Gebirgskamm der Bighorns und jenseits dieser Schotterpiste scheint es langsam wieder bergab zu gehen. Ein Schild am Rande der Straße macht meine Errungenschaft am Vormittag offiziell: An dieser Stelle erreicht der Weg 2350 Höhenmeter über dem Meeresspiegel. Der Anstieg vom Canyon bis zur Hazelton Road war höher als jener von Rapid City bis zum Mount Rushmore – dabei bestand der Weg nicht aus einem gut asphaltierten Highway, sondern aus Kräfte zehrenden Schotterpisten und steinigen Pfaden. Am Anfang der Tour hätte ich diese Prüfung nicht bestanden. Umso zufriedener überblicke ich nun die Bighorn Bergkette von oben. Allerdings muss ich noch aus dem Höhenzug herausfinden.

Die Aussicht aus den Bergen hinaus belohnt jetzt die Mühen des Vormittages. Obwohl ich mich bei der Abfahrt auch auf den Sand und das

Geröll auf der Straße konzentrieren muss, gleitet mein Blick immer wieder über die weite Landschaft. Soweit das Auge reicht erstrecken sich vor mir Hügel in orangen, braunen und gelben Pastelltönen. Und nach etwa sechs Stunden in den Bergen erreiche ich tatsächlich die Asphaltstraße auf der westlichen Seite. Ich stoppe kurz, um durchzuatmen und um mich noch einmal umzublicken. Es fällt mir schwer zu realisieren, dass ich gerade mit meinem Fahrrad die Bergkette überquert habe. Schon wenige Minuten später kommt es mir vor wie ein schlechter Traum. Als ich am Abend die Kleinstadt Worland erreiche, wirkt das Abenteuer wie eine ferne Erinnerung.

In Worland bin ich selbst erstaunt, wie pragmatisch und verantwortungsbewusst mich die Reise bereits gemacht hat. Hätte ich zuhause, bzw. an der Uni so eine Anstrengung hinter mir, hätte ich mich sicherlich erschöpft auf mein Bett gelegt. Anstatt dessen schlage ich mein Zelt auf, warte mein Fahrrad und reinige es von dem Dreck, wasche meine Kleidung, flicke einen Schlauch, dusche mich und desinfiziere die wund gescheuerte Haut, kaufe im Supermarkt Lebensmittel für die nächsten Tage, koche mir zwei Abendessen und melde mich bei meiner Familie. Die Aufgaben müssen einfach gemacht werden.

Tag 34 - Worland, Wyoming (3.886 km.)

Abe ist mir mittlerweile drei volle Tage voraus. Der Umweg über South Dakota für die Badlands und Mount Rushmore, der freie Tag in Rapid City und die äußerst ungünstige Überquerung der Bighorns haben mich zurückgeschlagen. Abes Vorsprung kommt mir heute aber enorm zu Gute. Er erzählt mir, dass er durch die Website Warmshowers jemanden in der Stadt Cody kennen gelernt hat, der ihn für die Nacht umsonst beherbergt hat. Warmshowers ist eine Art Facebook für Fahrradbegeisterte. Das Netzwerk verbindet Fahrradfahrer auf ihrer Tour mit Fahrradfahrern, die derzeit zuhause sind und ein freies Sofa zur Verfügung haben. Über SMS gibt mir Abe die Kontaktdaten von Blair, dem ich am Morgen sogleich eine Nachricht schreibe. Vielleicht habe ich ja auch das Glück, bei ihm übernachten zu können.

Am Vormittag zeigt sich das Wetter noch freundlich. Bei Sonnenschein fahre ich zunächst in nördliche Richtung entlang der Bundesstraße, dem US-Highway 20. (Dem selbem Highway bin ich schon in New York und Nebraska gefolgt.) Nach den vergangenen Tagen steigt die Wertschätzung für gut asphaltierte Seitenstreifen und in vier Stunden inklusive Pausen bringe ich die 90 Kilometer bis zu dem Dorf Burlington hinter mich. Erst auf den letzten Kilometern vor dem Dorf zieht eine dicke Wolkendecke am Himmel auf und der Wind aus westlicher Richtung beginnt stärker zu werden. Hin und wieder erfassen mich Böen von links und bringen mich aus der Balance. Prompt als ich aus dem kleinen Tante-Emma-Laden in Burlington mit Süßigkeiten, Wasser und anderen wichtigen Dingen herauskomme, bricht ein Gewitter aus. Nun weiß ich es zu schätzen, dass im wilden Westen die Häuser an der Hauptstraße eine typische Holzveranda unter einem Vordach haben. Ebenso freut mich, dass Blair mir trotz der kurzfristigen Nachricht erlaubt, in seinem Gästezimmer zu übernachten. Ich lobe den Tag vor dem Abend.

Erst nach einer Stunde und einem zweiten Mittagessen nimmt der Regen ab. Der Wind allerdings scheint noch stärker geworden zu sein. Mir dämmert, dass ich die letzten 55 Kilometer nach Cody genau nach Westen entgegen der Windrichtung fahren muss. Und in dem Moment, als ich aus dem geschützten Dorf nach Westen auf den Highway 14 abbiege, scheint jemand einen Schalter umzulegen. Plötzlich schlägt mir der Wind kraftvoll ins Gesicht, peitscht mir um die Ohren. Die Prärie zwischen Burlington und Cody bietet keinerlei Schutz vor den Böen. Wirklich nachvollziehen können wohl nur Fahrradfahrer, wie ausgeliefert man kräftigem Gegenwind auf dem Fahrrad ist. Obwohl ich mich mehr anstrenge und kraftvoll trete, komme ich nur schleichend voran. Jedes Mal, wenn ich mir ein geringes Momentum erarbeite, erfasst mich eine starke Böe mit voller Kraft und mein Fahrrad kommt fast zum Stillstand. Gerade weil mich die letzten Tage erschöpft haben und ab morgen die Rocky Mountains auf mich warten, hatte ich gehofft, schon am

Nachmittag in die Stadt zu kommen und mich am Abend etwas erholen zu können. Wie frustrierend.

An diesem Nachmittag misst die Wetterstation in Cody eine Windgeschwindigkeit von 35 km/h mit Böen von bis zu 52 km/h. Wahrscheinlich ist der Wind mitten in der Steppe noch stärker. Um drei Uhr nachmittags hatte ich von Burlington aus Blair mitgeteilt, dass ich wohl zwischen sechs und sieben Uhr bei ihm sein würde. Bis um 7 Uhr habe ich aber erst die Hälfte der 55 Kilometer nach Cody zurückgelegt. Der Wind reduziert meine Fahrtgeschwindigkeit auf ein klägliches Viertel der Geschwindigkeit, die ich noch heute Morgen halten konnte. Bei diesem Tempo bin ich erst um Mitternacht an meinem Ziel. Nicht nur droht mir bei einer Nachtfahrt auf der unbeleuchteten Bundesstraße Gefahr, mein Trinkwasser wird außerdem knapp und ich möchte meinen Gastgeber nicht warten lassen. Verzweifelt kämpfe ich noch eine Stunde gegen den Gegenwind, aber ich werde immer langsamer. Und nun? Aus eigener Kraft schaffe ich es nicht mehr nach Cody.

Kurzerhand baue ich mein Hinterrad ab und signalisiere so Hilfsbedürftigkeit. Ich stelle mich hinter mein Fahrrad am Straßenrand und Strecke meinen Daumen in die Luft, sobald ein Fahrzeug an mir vorbeikommt. Nach nur zehn Minuten habe ich Erfolg: Ein Van, dem ich eigentlich gar nicht signalisiert habe, weil er aus Cody kommt und nicht dorthin fährt, dreht vor mir auf der Straße um. In dem Wagen sitzt eine kleine Familie samt zwei Kleinkindern. Die Mutter lässt vom Beifahrersitz die Scheibe herunter und ich erkläre ihr meine Situation. Obwohl die Familie gerade erst aus Cody von einem Einkauf kommt, bietet die Beifahrerin mir an, mich dorthin zu fahren. Ich finde es unglaublich, wie hilfsbereit die Familie ist. Immerhin dauert die Fahrt nach Cody etwa fünfzehn Minuten. Fast unfair kommt es mir allerdings vor, dass man im Auto von dem Wind außer einem lauten Pfeifen nichts mitbekommt.

Wenig später klingele ich an dem Haus von Blair. Ein drahtiger Mann um die fünfzig Jahre mit einem grauen Drei-Tage-Bart macht mir die Tür auf. Mit einem freundlichen Lächeln proklamiert er in einem ruhigen Ton:

„Hi, du bist bestimmt, Vince!" Zwar habe ich mich vier Jahre lang – anscheinend vergeblich – darum bemüht, den typisch amerikanischen Spitznamen abzuwehren, aber ich freue mich über die nette Geste. Blair bittet mich herein und stellt sich mir vor. Er kommt ursprünglich aus dem benachbarten Bundesstaat Montana, arbeitet aber nun hier in Cody als Krankenpfleger. Das Haus mietet Blair zusammen mit einem jungen Rettungsassistenten, der in dem unteren Teil des Hauses wohnt. Er hat auch einen Sohn, aber der sei schon erwachsen und lebt woanders. Dann zeigt er mir das komfortable Gästezimmer und bietet mir an, gleich mit mir in die Stadt zu fahren, um Pizza essen zu gehen. Das klingt nach dem anstrengenden Tag wie Musik in meinen Ohren.

Obwohl Blair generell einen eher schweigsamen Eindruck macht, fragt er mich eine Frage nach der anderen über meine Fahrt. Ich berichte ihm von den Bighorns, den Büffeln und dem Farmer in New York und so kommen wir fast automatisch auf Waffenbesitz in den USA zu sprechen. Nachdem ich bereits mit verschiedenen Menschen in den USA über die große Kontroverse des Waffenrechts gesprochen habe, bin ich neugierig, welche Meinung Blair vertritt. Als ich ihn danach frage, überlegt er zunächst eine Weile. Mit ruhiger Stimme antwortet er mir:

„Weißt du, Waffen waren schon immer ein Bestandteil meines Lebens. In meiner Jugend, bei der Armee, in meiner Freizeit. Ich bin in einem kleinen ländlichen Ort aufgewachsen. Jeder Haushalt hatte dort ein Gewehr, das ist einfach so. Einerseits gibt es gerade in Montana viele gefährliche wilde Tiere und in den ländlichen Gegenden ist man auch bei seiner Sicherheit auf sich alleine gestellt. Viele Leute fürchten Einbrecher."

Als Europäer kann man solche Argumente nur schwer nachvollziehen. Jetzt bin ich aber in Wyoming gewesen: Wenn man sich auf der 115 km langen Strecke durch das Thunderbasin nach Wright befindet oder dort auf einer einsamen Ranch wohnt, ist Hilfe im Notfall weit entfernt. Würde bei Sarah eingebrochen werden, wäre der Sheriff aus Kaycee, wenn sofort verfügbar, sicherlich erst 30 bis 45 Minuten später bei ihr. In wenigen Tagen würde ich selbst erleben, dass Gefahr auch durch wilde Tiere für

Menschen hier sehr greifbar sein kann.

Blairs ruhiges Gemüt und sein natürlicher Tonfall verleihen ihm Glaubwürdigkeit. Er ist kein Waffenlobbyist oder Fanatiker.

„Ich verstehe Waffenbesitz als selbstverständliches Recht und ich finde, dass eine Regierung uns dieses Recht nicht wegnehmen sollte. Denn wenn man uns Waffenbesitz verbietet, hört die Regierung nicht auf, Rechte zurückzunehmen." Man könnte überspitzt formulieren, dass Waffengesetze die Einstiegsdroge einer reglementierungssüchtigen Regierung ist. Ein T-Shirt mit dieser Aufschrift würde sich in dem Kaycee General Store sicher gut verkaufen.

Als ich Blair von den Stadtgebieten in Chicago erzähle, in die sich normalerweise kein weißer Fahrradfahrer traut, hat Blair auch dafür eine einfache Lösung gefunden:

„Rüste die Polizei besser aus! Ähnliches gilt übrigens auch für andere öffentliche Einrichtungen wie das Krankenhaus, in dem ich arbeite: Um wirklich die beste Arbeit für Menschen zu leisten, müssten wir viel mehr Krankenpfleger sein."

Als ich Blair das letzte Stück Pizza anbiete, stelle ich ihm eine schwierigere, aber entscheidende Frage:

„Um aber höhere Ausgaben für die Sicherheit und das Gesundheitswesen auszugeben, müsste die Regierung doch eigentlich mehr Steuern einsammeln. Wäre das denn vertretbar?" Blair nimmt das Pizzastück. Dann antwortet er wiederum mit nachdenklicher Stimme:

„Höhere Steuern sind auch nicht die Lösung. Viele kleine Familienunternehmen leiden bereits unheimlich unter hohen Steuern und den Importen aus China." Blairs Stimme wird immer sicherer:

„Nein, eigentlich müssten die Regierung gerade in dieser schwierigen wirtschaftlichen Lage Steuern senken."

Wenn Blair sich zwischen Republikanern und Demokraten entscheidet, wird er wohl aus Gewohnheit die Republikaner wählen. Die Republikaner signalisieren Blair schließlich auch durch ihren Widerstand gegen striktere Waffengesetze, dass sie Blairs Interessen vertreten. Blairs

Ansichten zu wirtschaftlichen Themen aber folgen weder der traditionell libertären Doktrin der Republikaner noch der sozialdemokratischen Doktrin der Demokraten. Aber wenn weder die Republikaner noch die Demokraten Blairs Ansichten gerecht werden, wer wird es dann? Populisten wie Donald Trump.

Zu lange haben es sich Kommentatoren leichtgemacht und den Erfolg Trumps ausschließlich mit Medienaufmerksamkeit, Protest gegenüber politischen Eliten und schwachen Gegenkandidaten erklärt. Ebenso verlockt die Vermutung, Trumps populistische Politik treffe in das Herz einer angeschlagenen Wirtschaftsmacht. Selbst der deutsche Journalist Jörg Schönenborn vertrat dieses Argument zu bester Sendezeit in der ARD am Tag nach der Wahl. Schönenborn zitierte eine Befragung, aus der anscheinend ein klares Bild hervorgeht: 78% der US-amerikanischen Wähler, die nach eigenen Angaben wirtschaftlich schlechter gestellt sind als vor vier Jahren, haben für Trump gewählt.

Bereits vor vier Jahren aber hatten 80% derjenigen, die sich als wirtschaftlich abgestiegen sahen, für Mitt Romney gestimmt. Noch einmal vier Jahre zurück sprachen 71% dieser Gruppe Barack Obama das Vertrauen aus. Vielleicht antworten Menschen, dass sie wirtschaftlich schlechter gestellt sind, weil sie den Herausforderer unterstützen oder dessen Hasstiraden, der Widersacher sei schlecht für die Wirtschaft, glauben? Außerdem haben Mitglieder von Familien mit einem Familieneinkommen von unter 30.000 US-Dollar (die Ärmsten 17% der befragten Wähler) immer noch mehrheitlich für Clinton gestimmt. Republikaner haben in dieser Gruppe zwar etwas aufgeholt, wirtschaftliche Not alleine hat Trump aber nicht ins Amt katapultiert.

Vielleicht spielen die chauvinistischen Parolen und die rassistisch motivierten Hetztiraden gegen lateinamerikanische Einwanderer und Muslime eine größere Rolle als Beobachter es wahrhaben möchten. Hierfür spricht, dass besonders viele weiße, schlecht gebildete Männer, die in ethnisch einheitlich weißen Gegenden wohnen, den Milliardär unterstützen. Beide Parteien haben seit Jahren den übertriebenen

Patriotismus angefeuert, den Patriotismus, der sich jetzt besonders bei schlecht gebildeten Menschen als Ruf nach internationaler Isolation und als nationale Arroganz gegenüber Organisationen wie der NATO artikuliert. Bezeichnend ist, dass Trump sich als erster Republikaner der letzten Jahrzehnte bei der am wenigsten gebildeten Bevölkerungsschicht eine Mehrheit sichern konnte.

Selbst wenn der Großteil der Menschen Trump nicht aus rassistischen Beweggründen gewählt hat, haben sie dennoch die Ausfälle Trumps im Wahlkampf geduldet. Sie tragen eine Teilverantwortung, wenn unter dem neuen Präsidenten rassistisch motivierte Kriminalität gegen jüdische Einrichtungen zunimmt und der Präsident Neonazi Märsche verharmlost. Diese neue Form des republikanischen Populismus aber scheint sich durch Trump in den USA zu etablieren – Trump konnte mit seiner Rhetorik sogar neue Wähler für die Republikaner hinzugewinnen, welche die Republikaner sicher nicht wieder abgeben wollen. Zukünftige republikanische Kandidaten werden gelernt haben, dass Trumps wirtschaftlicher Isolationismus und populistische Gangart, ihnen die Karriere ebnen könnte

Tag 35 - Cody, Wyoming (4.022 km.)

Im Jahr 2007 habe ich erstmals die USA besucht. Für sechs Wochen habe ich bei einer Gastfamilie in Kalifornien gewohnt und das erste Mal erfahren, dass man in Amerika nicht fluchen darf. Nach einem Volleyballspiel mit Kindern aus der Nachbarschaft nahm mich meine ansonsten so progressive, liebevolle Gastmutter zur Seite. Sie machte mich darauf aufmerksam, dass ich das „f-word", also *fuck*, mehrmals gesagt habe und das nicht gut bei einigen anderen Müttern ankommt. Ich gelobte Besserung und bemühte mich redlich, das für mich so bedeutungslose Schimpfwort zu vermeiden. Knapp acht Jahre später führt mich der US-Highway 14 westlich von Cody 95 Kilometer lang schonungslos die Berge hinauf. Gegenwind, kalte Regenschauer, dicht an mir vorbeifahrende Wohnmobile und eine merklich dünner werdende

Luft machen die Bergetappe zu einer zermürbenden Tortur. Das *f-word* ist noch das anständigste Wort, das ich nun mit kurzem Atem der Straße entgegenknurre.

Die Fahrt in den Yellowstone Nationalpark, der sich im Nordwesten des Bundesstaates Wyoming hoch in den Rocky Mountains erstreckt, mutiert zu einem ungeheuer großen Kraftakt. Und dennoch nehme ich die Fahrt auf mich, weil der Yellowstone Nationalpark selbst in der vielfältigen und wundervollen Landschaft Amerikas einen besonderen Platz einnimmt. Der Yellowstone bildet in vielerlei Hinsicht die Superlative der Nationalparks. Gegründet 1872 – also noch vor dem Bundesstaat Wyoming selbst – war Yellowstone der erste Nationalpark der USA und einer der ersten der Welt. Im Land der unbegrenzten Möglichkeiten wurde Besiedlung, Jagd, Tagebau und Abholzung hier verboten. Man darf sich den Park auch nicht als kleines Naturschutzgebiet vorstellen. Die Fläche des Parks ist etwa dreieinhalb Mal so groß wie das Saarland und erstreckt sich 102 Kilometer von Norden nach Süden und 87 Kilometer von Westen nach Osten.

80 Kilometer außerhalb von Cody kündigt der offizielle Osteingang den Nationalpark an. Mit Grenzhäusern und Schranken wirkt der Eingang wie ein Tor zu einem fremden Land. An jeder der vier Fahrspuren steht ein Mauthäuschen, vor denen Fahrzeuge in Reihen warten. Zwischen einschüchternden LKWs, überdimensionierten Wohnmobilen und großen Autos mit Anhängern stehe ich mit meinem Fahrrad brav in der Blechschlange. Dafür aber muss ich keine Gebühren für mein Fahrrad zahlen – lediglich 15 Dollar sind für den Eintritt einer Person fällig. Eine fünfköpfige Familie mit Auto vor mir zahlt hingegen über einhundert Dollar. Als ich an der Reihe bin, schiebe ich mein Fahrrad einige Meter weiter nach vorne und bezahle den Eintritt. Ein junger Parkranger im Häuschen klärt mich noch einmal über die wichtigsten Regeln auf. Besonders großen Wert legt der junge Mann auf drei der Regeln:

Erstens, man darf sich keinen wilden Tieren nähern. Das gilt für mich als Fahrradfahrer insbesondere für Bären, Bisons, Wölfe und Elche, aber auch für Wapiti.

Zweitens, man darf Tiere nicht füttern.

Und drittens, damit ich Regel zwei einhalten kann und Tiere nicht mit einem schlafenden Radfahrer füttere, darf man nicht außerhalb der designierten Zeltplätze zelten. Ich nicke freundlich und schon rolle ich in den Nationalpark.

Dennoch führt die Straße immer weiter bergauf durch die graubraunen Gesteinsformationen. Für die nächsten zehn bis fünfzehn Kilometer steigt die Strecke sogar besonders steil an und oberhalb der zweitausend Höhenmeter Grenze wird die Luft zudem merklich kühler und dünner. Erst am Nachmittag belohnt mich dann die Route mit dem Punkt, an dem die Straße endlich wieder bergab führt. Ich überquere den Sylvan Pass, der den geografischen Höhepunkt meiner gesamten Fahrradtour darstellt. Ich befinde mich auf 2.598 Meter über dem Meeresspiegel. Zum Vergleich, der höchste asphaltierte Bergpass Deutschlands ist der Riedbergpass im Allgäu und liegt 1.409 Meter hoch. Der am höchsten gelegene asphaltierte Bergpass in den Alpen, der Col de l'Iseran in Frankreich, reicht mit 2.764 Metern nur etwas höher in den Himmel als der Sylvan Pass. Und auch der lange Aufstieg selbst übertrifft meine bisherigen Errungenschaften. In Massachusetts haben mir drei 12 Kilometer lange Anstiege die Kräfte geraubt. Heute bin ich 95 Kilometer gegen den Wind und Regen bergauf gefahren.

„Was für ein Jammerlappen ich damals war!", schießt es mir durch den Kopf.

Nach den vergangenen harten Tagen motiviert mich die Errungenschaft. Solche Momente sind unheimlich wichtig, denn nur so kann ich Herausforderungen mit einer positiven Einstellung begegnen und Motivation daraus schöpfen. Der Drang, solche Erfolgserlebnisse zu wiederholen, übertrumpft als Treibstoff für meine müden Beine alles andere – allerdings folgen Gummibären und koffeinhaltige Getränke dicht auf den Plätzen zwei und drei. Der Aufstieg verliert zwar nichts an

Schmerzhaftigkeit, er wird aber erträglich. Und jenseits des Passes beginne ich sowieso freudig zu grinsen.

Ab jetzt geht es vor allem bergab, immer tiefer in den Park hinein. Auch die Aussicht von dem Pass über den Park lohnt sich: Genau vor mir erstreckt sich der majestätische Yellowstone Lake in tiefem Blau. Dieser See bleibt aufgrund der Höhenlage auch in den Sommermonaten so kalt, dass das Kanufahren darauf nicht gestattet ist. Sollte man nämlich kentern, würde eine lebensgefährliche Unterkühlung einsetzen, bevor man gerettet werden kann.

Am anderen Ufer des Sees befindet sich der große Zeltplatz im östlichen Teil des Parks. Die 432 Zeltplätze auf dem Bridge Bay Campground sind meist bis zu einem Jahr im Voraus ausgebucht, erzählt mir die Kassiererin am Eingang des Zeltplatzes. Lediglich sieben einfache Zeltplätze bleiben für Fahrradfahrer und Wanderer ohne Auto reserviert. Diese sieben Zeltplätze aber liegen etwa fünfzig Meter abseits von der großen Lichtung des Zeltplatzes und befinden sich jenseits der Waldgrenze. Direkt hinter den Plätzen beginnt der dichte Wald. Daher müsse ich besonders aufpassen, keine wilden Tiere durch Nahrungsmittel oder andere Dinge mit Geruch an mein Zelt zu locken, erinnert mich die Kassiererin mit mahnendem Blick. Auf diese Situation habe ich mich allerdings auch intensiv vorbereitet: Nahrungsmittel und andere Objekte mit Geruch wie Zahnpasta, Sonnenmilch und Seife habe ich seit dem ersten Tag nur in der Lenkertasche aufbewahrt. Diese hänge ich normalerweise in Bäumen auf. Nie habe ich im Zelt gegessen, damit Bären in der Nacht nicht unter meiner Luftmatratze nach Krümeln suchen. Gerade hier im Yellowstone Park bin ich aber natürlich noch vorsichtiger. Ich verstaue fast alle meine Sachen in der sogenannten Bärenbox, einer großen Metallkiste am Rande meines Zeltplatzes. In meinem Zelt hingegen erlaube ich nur den Schlafsack, die Luftmatratze, das Pfefferspray, mein Messer, eine Trillerpfeife und eine Lampe.

Positiv stimmt mich ein spanisches Paar, das ebenfalls mit Fahrrädern durch den Park fährt. Sie zelten zwei Plätze weiter. Als ich auf dem Weg zur Dusche an ihnen vorbeigehe, kommen wir gleich ins Gespräch. Sie erkunden schon seit drei Tagen den Park, fahren mit dem Fahrrad von einer Attraktion zur anderen und haben gerade heute erst an einem Wegesrand Braunbären und Wölfe gesehen. Der Mann berichtet in gebrochenem Englisch, aber mit einem universell verständlichen Lächeln von ihren Abenteuern. Gleichzeitig bieten sie mir Chips und andere Süßigkeiten an. Dabei wischt der Mann sich seine Finger mit Chipskrümeln an seinen Shorts ab. Die Frau kocht ganz in der Nähe ihres Zeltes und das Zelt steht sowieso relativ nahe an der Bärenbox. Zuerst verspeisen die Bären also die Spanier. Das beruhigt mich etwas, bevor ich mich schlafen lege.

Dennoch bleibt ein mulmiges Gefühl, denn gerade die Braunbären, auch Grizzlybären genannt, sind sehr gefährliche Tiere. Laut Angaben des Parks sollen 700 Tiere in und um den Yellowstone Park leben. Natürlich ist die Wahrscheinlichkeit selbst hier sehr gering, von einem Bären angegriffen zu werden. Man würde die bis zu 270 Kilo schweren Tiere auch im dichten Wald hören. Aber dennoch laufe ich mitten in der Nacht nicht weit von meinem Zelt weg, als ich austreten muss. Zwar funkeln die Sterne durch die hohe Lage unheimlich hell und ich hätte gerne noch etwas in den Himmel gestarrt, aber im Zelt fühle ich mich wohler.

Tag 36 - Yellowstone National Park, Wyoming (4.154 km.)

Als ich das zweite Mal aufwache, weicht die Dunkelheit bereits einem hellen nebligen Grau. Die Spanier und ich haben die Nacht also gut überstanden. Früh mache ich mich auf den Weg, denn im Yellowstone gibt es viel zu sehen. Neben der wilden Tierwelt, besitzt der Nationalpark einen Canyon, 300 aktive Geysire, zahlreiche heiße Quellen und andere geothermische Besonderheiten. Bei der Fahrt entlang des Yellowstone Sees beispielsweise fallen mir dicht am Ufer Stellen auf, an denen Wasserdampf aus dem steinigen Boden austritt. Hier wird Grundwasser so stark erhitzt, dass es als Wasserdampf aus Rissen im Gestein entweicht. Es ist ein seltsamer Anblick und ein noch seltsamerer Geruch, denn es stinkt unheimlich nach Schwefel. Der Wasserdampf am Rande des Sees und die Geysire vermitteln den Eindruck, es würde unter der Erdoberfläche brodeln. Und das tut es tatsächlich: Diese geothermischen Phänomene befeuert nichts anderes als ein Supervulkan. Damit bezeichnen Geowissenschaftler einen Vulkan, dessen Magmakammer so groß ist, dass bei einem Ausbruch Lava nicht an einer Stelle, sondern an vielen Stellen austritt. Im Anschluss an Ausbrüche sackt das Land dann in die sich leerende Magmakammer ab und ein sogenannter Caldera oder Einbruchskessel bildet sich. Als vor 640 Tausend Jahren der Yellowstone Supervulkan das letzte Mal ausbrach, wurde ein Caldera erschaffen, der 40% der Parkfläche entspricht. Und auch heute noch schlummert eine Magmakammer, die 80 Kilometer breit und 40 Kilometer lang ist, wenige Kilometer unter der Oberfläche.

Die Magmakammer befeuert auch die Geysire wie den Old Faithful Geysir, also den „Alten Treuen". Wie in einem Freizeitpark stehen in der Nähe des Old Faithful einige Hotels, diverse Restaurants und zahlreiche *gift shops*, die Souvenirläden. Naturschutz lohnt sich auch finanziell: Obwohl die Bewohner von Wyoming den Nationalpark ursprünglich sehr kritisch sahen – mischte sich doch die Regierung in Angelegenheiten des Bundesstaates ein, – generierten die Parkbesucher alleine im Jahr 2013 laut Angaben des *National Park Service* Umsätze von 382 Millionen Dollar in der Gegend um den Nationalpark. 5.300 Arbeitsplätze hängen von dem Park ab. Nirgends kann man das so gut erkennen wie bei dem Old Faithful Geysir. Der Geysir, der etwa alle 90 Minuten eine 44 Meter hohe Fontäne in die Luft schießt, soll in etwa einer halben Stunde wieder loslegen. Ominöser Wasserdampf steigt bereits aus dem Boden auf. Langsam strömen die Menschen zu der halbkreisförmigen Holzplattform für Zuschauer. In den nächsten 30 Minuten finden sich einige Tausend Schaulustige ein, die wie in einem Fußballstadion dem Beginn des Spektakels entgegenfiebern. Die lange Zuschauerplattform ist prall gefüllt, als der Geysir anfängt zu blubbern. Dann steigt das Wasser immer höher empor. Von der Ferne aus wirkt die Fontäne vielleicht etwas kleiner als sie wirklich ist, aber ich schätze die Höhe auf höchstens fünfzehn Meter. Auch die Leute neben mir sind etwas verwundert. Ein Kind fragt seine Eltern:

„Ist es das jetzt schon?"

„Das muss es wohl schon sein", antwortet die Mutter unsicher. Und tatsächlich nimmt die Fontäne wieder ab, auch das Blubbern hört auf und die Menschen trotten langsam wieder zu den Souvenirläden.

Im Gegensatz zum Geysir loht sich der Besuch der Thermalquellen jederzeit. Nicht weit von dem Popstar-Geysir befinden sich zahlreiche Teiche und kleine Seen, die sich aus heißen Quellen speisen. Am Rand der Teiche leuchtet das Wasser dank farbiger Bakterienkolonien rot bis orange, einige Zentimeter weiter innerhalb des Teiches schimmert das Wasser leicht grün oder kristallblau und in der Mitte, wo wegen der enormen Hitze selbst angepasste Bakterien nicht überleben, scheint das Wasser tiefblau. Nach einigen Fotos habe ich aber erst einmal genug von den Attraktionen des Parks. Die vergangenen sechs Tage haben mich sowohl physisch als auch psychisch sehr belastet. Mir fehlt schlicht die Energie, für jede Sehenswürdigkeit im Park viele Kilometer im Gebirge zurückzulegen. Auch heute bin ich immerhin schon 70 Kilometer gefahren und habe den Craig Pass bezwungen, der nur unmerklich niedriger liegt als der Sylvan Pass und die kontinentale Wasserscheide Nordamerikas bildet. Das bedeutet, dass Regenwasser nun letztendlich in den Pazifik fließt und nicht mehr in den Atlantik, bzw. den Golf von Mexiko. Und genauso wie das Regenwasser und die Flüsse will ich eigentlich nur nach Westen aus dem Yellowstone Park und Wyoming heraus. Kein anderer Bundesstaat hat mich bisher so herausgefordert. Und mit einfachem Radeln bergab lässt mich Wyoming auch nicht ziehen.

Kurz vor der Abzweigung zum westlichen Ausgang des Parks, bildet sich ein Stau. Gute zwei Kilometer stauen sich die Autos. Zu meinem Glück und zum Ärger der genervten Familienväter kann ich mit dem Fahrrad an den Autos einfach vorbeifahren. „Wahrscheinlich ein Unfall", denke ich mir. Als ich dem Ende des Staus näherkomme und über die

Dächer der Autos sehe, entdecke ich aber den wahren Grund: Zwischen dem bunten Blech bewegt sich ein großer pelziger Buckel. Ein Bison trottet seelenruhig mitten auf der Straße. Nur wenn das ausgewachsene Tier etwas weiter rechts oder links auf der Straße läuft, kann jeweils ein einzelnes Auto vorbeifahren. Soll ich auch probieren vorbeizufahren? Zwar habe ich keine Knautschzone aus Blech, bedränge das Tier aber dadurch auch viel weniger. Die Frustration der letzten Tage überwiegt und als ein Cabrio sich an dem Bison vorbeitastet, wage ich es auch. Ich fahre dem Auto hinterher, links an dem Tier vorbei. Weniger als drei Meter entfernt geht der Koloss ganz lässig weiter ohne sich um mich zu kümmern.

Nach einer Stunde erreiche ich endlich das westliche Tor des Parks und wenig später die Grenze zum Bundesstaat Montana. Bei jeder Grenze habe ich mich auf den kommenden Bundesstaat gefreut und die Tatsache gefeiert, dass ich der Westküste wieder ein Bundesstaat näher bin. Heute freue ich mich vor allem, Wyoming hinter mir zu lassen. Die letzte Woche hat mich unheimlich ausgelaugt. Ebenso bin ich froh, die Fahrt durch das Habitat der Grizzlybären und Bisons heil überstanden zu haben. Anya und meiner Mutter schreibe ich kurze Nachrichten, dass die vermeintlich gefährlichste Etappe hinter mir liegt. Besonders meine Mutter wird das freuen. Wenn ich zu diesem Zeitpunkt gewusst hätte, was mir in Montana widerfährt, hätte ich die Nachrichten allerdings nicht geschickt.

Ich überlege mir auch, mich mit einem günstigen Hotelzimmer zu belohnen. Schließlich habe ich in den vergangenen zwei Wochen nicht ein einziges Mal ein Hotelzimmer für mich alleine gebucht und so viel Geld gespart. Ich probiere es bei einem Billighotel etwas außerhalb der Stadt. Die Angestellte begrüßt mich freundlich und ich frage nach, ob sie noch ein Zimmer für mich habe. Das bekräftigt diese und ich freue mich sehr, so spontan noch ein günstiges Zimmer zu bekommen.

„Das Einzelzimmer kostet 360 Dollar", sagt mir die Dame fast beiläufig in einem freundlichen Ton.

„Für eine Nacht?", frage ich entsetzt – auch wenn mir sofort klar wird, dass die Frau mir wohl keine Monatsmiete genannt hat.

„Ja, allerdings." Sie kichert und sagt, dass alle Hotels in West Yellowstone wegen der hohen Nachfrage so teuer sind.

„Nebenan ist aber ein Zeltplatz!"

Blick über Wyoming vor den Big Horn Mountains Command

Entlang der roten Felswand im Canyon der Big Horns

Kochende Thermalquellen im Yellowstone Park

Woche 6

Gastfreundschaft in den Bergen
(810 Kilometer)

Tag 37 - West Yellowstone, Montana (4.263 km.)

In der Stadt West Yellowstone sammele ich die ersten Eindrücke von Montana, dem 13. Bundesstaat auf meiner Reise. Amerikaner selbst assoziieren Montana mit abgelegenen Kleinstädten in den Weiten der Rocky Mountains. Dementsprechend hatte ich vermutet, dass vor allem große bärtige Männer mit rot-schwarzen Holzfällerhemden durch West Yellowstone marschieren. Tatsächlich begegne ich vor allem jungen Damen. Fast ausnahmslos führen sie die Geschäfte der Kleinstadt. Überrascht bin ich auch darüber, dass viele der Frauen russische Wurzeln zu haben scheinen. Die drei hochgewachsenen Blondinen mit stahlblauen Augen, die als Verkäuferinnen in dem McDonald's Restaurant arbeiten, unterhalten sich ausschließlich auf Russisch. Auch der kleine Laden nebenan verkauft viele aus Osteuropa importierte Lebensmittel. West Yellowstone erfüllt zwar nicht meine Erwartungen von Montana, aber den vielfältigen Herkunftskulturen der Amerikaner kann man in den USA häufig begegnen.

Diese Vielfalt lässt sich besonders gut auf der Ebene der Landkreise ablesen: Bewohner von Landkreisen an der mexikanischen Grenze beispielsweise stammen mehrheitlich aus Mexiko. Gemeinden um New York City haben vor allem italienische Wurzeln, Gemeinden um New Orleans französische, jene um Boston irische und solche um Großstädte im Südosten afroamerikanische. Vereinzelte Landkreise in Iowa sind holländisch, einige in Michigan finnisch und manche in North Dakota norwegisch. Ein Landkreis in Pennsylvania hat mehrheitlich polnische Wurzeln, einer in Rhode Island portugiesische und Inseln von Hawaii sind entweder philippinisch oder japanisch. Der Rest der USA hat meist entweder eine englische oder eine deutsche Abstammung. Amerika ist ein enormer Flickenteppich und die typische Kleinstadt gibt es wohl nicht. West Yellowstone ist es schon gar nicht.

Zumindest landschaftlich trifft der neue Bundesstaat meine Erwartungen. Montana ist flächenmäßig der viertgrößte Bundesstaat der USA und gleichzeitig der Bundesstaat mit der siebtniedrigsten

Bevölkerungsanzahl. Anders ausgedrückt ist Montana unheimlich spärlich besiedelt – ähnlich wie Wyoming. Daher wirkt die malerische Berglandschaft vergleichsweise unberührt. Fast den ganzen Tag fahre ich in nördliche Richtung entlang des Madison Rivers, dessen klares Wasser schnell durch die Berge strömt und in der Mittagssonne funkelt. Links und rechts des Flusses erstreckt sich mit grünen und gelben Wiesen die alpine Landschaft. Jenseits des Flusstales erheben sich hohe Berge, deren graue, karge Gipfel bis zu den schneeweißen Wolken zu reichen scheinen. Erst am Nachmittag, zwanzig Kilometer nördlich der Kleinstadt Ennis, weicht der lokale Highway vom Fluss ab. Prompt steigt die Straße steil in die Höhe. Fast schnurgerade führt der Highway einen Berg hinauf und für eine halbe Stunde ringe ich mit der Steigung. Umso schneller fahre ich wieder abwärts. Bis zu 80 km/h kann ich mit dem vollgepackten Fahrrad erreichen. Wäre ich den ganzen Berg mit dieser Geschwindigkeit heruntergerast, hätte das wahrscheinlich meine Fahrradtour beendet.

Vor einer langen, kaum einsehbaren Rechtskurve bremse ich vorsichtshalber ein wenig ab. Vielleicht fahre ich mit 50 bis 60 km/h um die Kurve, als vor mir auf der Straße plötzlich ein Schwarzbär steht. Mit voller Kraft ziehe ich die Bremsen an. Die Scheibenbremsen quietschen und ich komme abrupt zum Stehen. Der Bär steht zwanzig Meter vor mir. Sein massiger, schwarzer Kopf dreht sich sofort zu mir um und für drei lange Sekunden mustert das Tier mich. Während ich mit meinen Augen das Tier fixiere, gleiten meine Finger langsam zur Lenkertasche. Vor dem Unfall mit der Pfefferspraydose bei Des Moines hatte ich die Waffe noch direkt am Lenker angebracht. Nun liegt die Dose irgendwo in der Lenkertasche vergraben. Sollte der Bär nun auf mich zu laufen, muss ich sofort die Dose in der Tasche finden. Ansonsten reißt das Tier mich zu Boden, bevor ich mich verteidigen kann. Als ich gerade die Tasche öffne, dreht der Bär seinen Kopf aber von mir ab. Er verliert anscheinend das Interesse. Fast gleichgültig überquert das Tier nun mit langsamen Schritt die Straße. Erst als ein Auto von der anderen Seite kommt, läuft der Bär schnell unter der Leitplanke hindurch und verschwindet in den Büschen.

Nachdem ich den Yellowstone Nationalpark gestern verlassen hatte, hatte ich mir eigentlich eingeredet, dass die gefährlichste Etappe nun hinter mir liegt. Schließlich gibt es nur im Yellowstone und weiter im Norden von Montana die größeren und aggressiveren Grizzlybären. Dass ich jetzt von dem Schwarzbären überrascht werde, ist eine gute Erinnerung daran, dass meine gesamte Strecke zwischen den Bighorns und Seattle durch das Habitat von Schwarzbären führt.

Aber die Natur hat heute noch mehr Überraschungen für mich auf Lager. Direkt vor mir brauen sich tiefschwarze Gewitterwolken zusammen, die schwarze Wolkenwand versperrt mir buchstäblich die Sicht auf die Landschaft vor mir. Schutz vor der Gewitterfront gibt es hier keinen. Schließlich führt mich die einsame Straße durch ein breites kaum bewohntes Tal. Hier gibt es weder Häuser noch Bäume, nur die braun-grünen Grasflächen. Letztendlich kann ich das unausweichliche Übel nicht mehr hinauszögern, ich fahre direkt in die Wolkenwand hinein und der Regen umschließt mich förmlich. Ich werde nass bis auf die Knochen und da die Straße auf 1500 Höhenmeter liegt, kühlt mich die frische, feuchte Bergluft sofort aus. Zitternd komme ich in die kleine Siedlung Cardwell, die am Rande der Interstate 90, einer großen Autobahn, liegt. Typisch für kleine Ortschaften an Autobahnen ist neben einer Tankstelle auch ein Rastplatz für Trucker und Wohnmobile.

Das flache Bungalowgebäude des Rastplatzes mit dunkler Holzfassade ist gleichzeitig Tankstelle, Supermarkt, Kneipe, Spielothek und Verwaltung für den Rastplatz. Es ist alles da, was ein durchfahrender Trucker benötigen könnte. Der Mann hinter der Kasse nimmt mir 20 Dollar ab und empfiehlt mir mit den Worten „keine Sorge, die Schwarzbären zeigen sich hier im Dorf fast nie!" zum Zelten eine kleine Wiese zwischen den Parkplätzen.

Tag 38 - Cardwell, Montana (4.446 km.)

Am nächsten Morgen regnet es immer noch. Nachdem ich mein Zelt und die anderen Campingsachen verstaut habe, wärme ich mich daher in dem Waschraum neben den Toiletten auf. Hier stehen sowohl Waschmaschinen als auch Trockner. Während ich meine Sportkleidung und den Schlafsack trockne, esse ich das zweite Frühstück. Gerade als der Trockner seine letzten Runden dreht und ich ansonsten fertig bin, öffnet sich die Tür und ein wuchtiger Mann mit einem runden Gesicht kommt in das Zimmer herein. Der Mann scheint kaum älter als dreißig Jahre zu sein und macht einen freundlichen Eindruck. Er mustert mich und bevor ich selbst etwas sagen kann, stellt der Mann lächelnd fest:

„Du bist bestimmt der Typ mit dem mickrigen gelben Zelt zwischen den Trucks!" Ich lache, bekräftige die Vermutung des Mannes und scherze, dass ich die Bezeichnung Polyesterpalast gegenüber mickrigem Zelt bevorzuge. Martin ist seit zwei Jahren Trucker. Und obwohl er irgendwann nur regional fahren möchte, um öfters zuhause zu sein, genießt er die überregionalen Langstrecken so gut es geht. Ich lerne, dass das „Trucken" kein Job für diejenigen ist, die gemütlich das Land bereisen möchten. Oft wird die Zeit für die Routen nur knapp berechnet und die Trucker müssen strikte Regeln, wie eine Obergrenze von elf Stunden Fahrt am Tag einhalten. In diesem Zeitfenster von elf Stunden zählt dann aber jede Minute und für Sehenswürdigkeiten bleibt keine Zeit. Dennoch sieht Martin natürlich unheimlich viel von dem Land, insbesondere an vorgeschriebenen Ruhetagen.

Ich frage ihn, ob es ihm Spaß macht, die unterschiedlichen Landschaften an sich vorbeiziehen zu sehen. Immerhin schafft ein Trucker 900 bis 1.000 Kilometer am Tag, und schon auf meinen Tagesrouten von etwa 150 Kilometern scheint sich die Landschaft stetig zu verändern.

„Als ich angefangen habe, habe ich fast nur die Autobahn wahrgenommen", erzählt Martin.

„Die Gegenden sahen irgendwie immer gleich aus. Mittlerweile könntest du mich in einem Bundesstaat absetzen und ich könnte dir gleich sagen, wo ich bin. Nicht nur sehen die Landschaften für mich ganz anders aus, auch die Menschen sind von Bundesstaat zu Bundesstaat unterschiedlich. Wenn es keine Unterschiede geben würde, bräuchte man ja auch keine unterschiedlichen Bundesstaaten!" In dieser Trucker-Weisheit steckt mehr Wahrheit als man zunächst vermuten mag.

Schließlich wurden bereits die ursprünglichen Kolonien an der Atlantikküste Nordamerikas, aus denen sich die ersten Bundesstaaten entwickelten, von unterschiedlichsten Menschen mit unterschiedlichen Zielen gegründet. Wie Historiker Colin Woodard in seinem Buch *American Nations* erläutert, entwickelten sich die Kolonien als eigenständige Nationen unabhängig voneinander. Puritanische Familien beispielsweise gründeten die neuenglischen Kolonien im Nordosten. Die Kolonie Virginia hingegen wurde von dem Konzern Virginia Company gegründet. Dorthin immigrierten englische Aristokraten, um eine strikte Aristokratie zu errichten. Weiter südlich kopierten britische Eliten in Georgia den brutalen Sklavenstaat Barbados. Weiter nördlich ließen sich deutsche und englische Anhänger der Religionsgemeinschaft der Quäker in dem heutigen Pennsylvania nieder. In der Kolonie Neu-Niederlande um das heutige New York City, regierte der Profit und keine Religionsgemeinschaft. Später gründeten vom Krieg geprägte Schotten und Iren in den Appalachen anarchistische Gemeinden. Die Kolonien unterschieden sich also fundamental voneinander.

Entgegen der modernen Legende arbeiteten die 13 ursprünglichen Kolonien auch nie in einem harmonischen Bund zusammen. Sie waren Rivalen, die sich kaum auf den kleinsten gemeinsamen Nenner – die Unabhängigkeit von Großbritannien – einigen konnten. Dementsprechend unterschiedlich haben sich die daraus resultierenden Bundesstaaten entwickelt.

Die nächste große Station auf meiner Route ist die Stadt Missoula. Sie befindet sich etwa 260 Kilometer von meinem Standpunkt entfernt, liegt aber noch in Montana. Bereits in Rapid City habe ich mir den Kopf darüber zerbrochen, wie ich am besten von dieser Gegend nach Missoula gelange. Denn die Autobahn Interstate-90 (I-90) führt zwar direkt dorthin, sie ist aber auch die einzige Straße durch diese Berge. Nur die Straßenverkehrsordnung in Montana bewahrt mich vor einem langen

Umweg: Fahrradfahrer dürfen in Montana tatsächlich auf der Autobahn fahren, wenn dazu keine Alternative besteht. Was für Deutsche wohl Anarchismus nahe kommt ist sogar relativ weit verbreitet unter den westlichen Bundesstaaten. Diese sind so spärlich besiedelt, dass Autobahnen manchmal die einzige Verbindung zwischen Städten bilden. Natürlich will ich die Fahrt auf der Autobahn möglichst lange vermeiden.

Der alte Highway 2 bietet zumindest bis zur Stadt Butte eine Alternative. Kurz bevor ich den Ort Whitehall verlasse, warnt mich der Inhaber einer Tankstelle allerdings noch vor den Gefahren des alten Highway:

„Aber pass auf, in den Bergen hier leben Berglöwen!"

„Vor einem Monat erst habe ich einen Berglöwen in den Bergen am Rande des Highway 2 gesehen", stimmt ein Kunde hinter mir in die Unterhaltung mit ein.

„Der hatte gerade einen Fahrradfahrer gerissen!" Nur der zweite Satz war ironisch gemeint.

Obwohl ich erst eine Stunde gefahren bin, muss ich bereits eine längere Pause einlegen. Nicht nur zehrt die Fahrt bergauf an meinen Kräften, ich muss auch konzentriert nach heranbrausenden Autos lauschen, um diesen auf der engen Fahrbahn auszuweichen. Ich setze mich an den Straßenrand, ziehe eine Packung Gummibären aus den Tiefen meiner Lenkertasche und sehe mich das dritte Mal in dem Wald nach Berglöwen, Bären und Co. um. Just als ich gierig die ersten Gummibären in meinen Mund stopfe, saust bergab eine Fahrradfahrerin an mir vorbei. Sie erkennt mich als einen anderen Langstreckenfahrradfahrer und dreht zu mir um. Eine bildhübsche junge Frau mit schmalem Gesicht, langen geflochtenen blonden Haaren und sehr fittem Körper steigt lächelnd ab und begrüßt mich. Mir fällt fast ein Gummibär aus dem Mund.

Eine Begegnung mit einem Berglöwen hätte mich auf dieser Bergstraße weniger überrascht als diese mit einer jungen Fahrradfahrerin. Vielleicht hätte mich die bis zu 100 kg schwere Raubkatze auch weniger nervös gemacht. Die Frau stellt sich als Agnes vor und fragt, ob sie sich zu mir setzen darf. Vor allem freue ich mich, mich mit jemandem auszutauschen. Nachdem ich die Gummibären herunterschlucke, beginnen wir uns zu unterhalten. Agnes kommt aus Schweden und ist in Portland mit der Fahrradtour gestartet. Allerdings fährt sie nicht zur Ostküste, sondern bis zur Stadt Denver.

„Zeigen dir die Amerikaner auch so eine große Gastfreundschaft?", fragt sie mich. Natürlich bestätige ich ihr das und berichte ihr von den zwei Familien in Iowa und der Hilfsbereitschaft der Leute.

„Oh, verstehe", sagt Agnes. Anscheinend konnte ich sie damit nicht beeindrucken.

„Mich lassen fast jeden Tag Leute in ihren Häusern schlafen. Ich bin selbst ganz erstaunt." Ich lächele etwas zurückhaltend und erwidere ihren Blick. Agnes hat wohl mein Lächeln und den subtilen Ausdruck auf meinem Gesicht verstanden:

„Vielleicht ist so etwas auch einfacher für eine Frau", lacht sie.

Dabei habe für sie alles denkbar schlecht angefangen, berichtet Agnes. Nur ein Tag nachdem sie in Portland mit ihrem eingeflogenen Fahrrad angekommen ist, wurde ihr dieses in der Stadt gestohlen. Für mich wäre das der Super-GAU schlechthin. Wenn mein Fahrrad mit samt meines Reisepasses, Zeltes und Geldes gestohlen würde, wäre ich ziemlich in der Klemme. Zum Glück wurde nur das Fahrrad und nicht Agnes´ Gepäck gestohlen.

Ich gebe ihr noch ein paar Tipps für den Yellowstone Nationalpark und dann fährt Agnes auch schon wieder davon. Für einige Zeit auf dem Fahrrad denke ich an die junge Schwedin. Es ist schade, dass wir in entgegengesetzte Richtungen fahren. Ich vergesse die Berglöwen – zumindest für heute.

Hinter der Stadt Butte zermürben mich allerdings die Wartungsstraßen neben der Autobahn: Sie bestehen entweder aus Sandwegen, sind eingezäunt, enden schlicht wegen quer verlaufender Flüsse oder sind aus anderen Gründen nicht durchgängig befahrbar. Meine erste Fahrradfahrt auf einer Autobahn ereilt mich schneller als gedacht. An der Autobahnzufahrt steht tatsächlich kein Schild, das mir die Weiterfahrt verbietet. Lediglich Rinder dürfen nicht auf die Autobahn getrieben werden. Das scheint in Montana ein großes Problem zu sein, denn für zwei Meter besteht die Auffahrt aus tiefen Rillen in einem Abstand von zehn Zentimetern. Diese Vorrichtung hält Tiere mit Hufen davon ab, auf die Autobahn zu laufen.

Die Fahrt auf der Autobahn empfinde ich als erstaunlich entspannend. Der Standstreifen der Autobahn, auf dem ich fahre, ist mehr als drei Meter breit. Außerdem trennt ein Rumpelstreifen die Fahrbahn von dem Standstreifen. Die Autos dürfen hier 130 km/h und die Trucks nur 105 km/h fahren und sind nicht viel schneller als auf dem Highway 2. Und dort auf dem alten Highway hat mich kein Rumpelstreifen oder ein drei Meter breiter Abstand geschützt. Darüber hinaus ist der Asphalt fantastisch glatt und der Windzug der vorbeifahrenden LKW hilft mir dabei, eine Geschwindigkeit von 30 km/h konstant zu halten. Bis zum Abend fahre ich bei dieser Geschwindigkeit.

Letztendlich stoppe ich im Dorf Deer Lodge. Zur Auswahl stehen heute ein Wohnmobilplatz direkt neben der Autobahn und ein günstiges Hotel. Nach elf Nächten im Zelt und einer Nacht bei Blair gönne ich mir ausnahmsweise auch bei gutem Wetter das Hotel. Der Preisunterschied zum Zelten auf dem RV-Park neben der Autobahn beträgt nur 40 Dollar und im Hotel kann ich einmal vernünftig ausschlafen und mir bei dem gratis Frühstück den Bauch vollschlagen.

Tag 39 - Deer Lodge, Montana (4.574 km.)
Nach dem großzügigen Frühstück wartet wiederum die Autobahn auf mich. Die Fahrt strengt zwar an, aber ich radele mit hoher Geschwindigkeit der Stadt Missoula und einem Rasttag entgegen. Meine letzte Pause liegt neun Tage zurück. Mit diesem Ziel des freien Tages vor Augen trete ich kräftig in die Pedale, obwohl jede Muskelfaser schmerzt. Immer wieder beginnt mit einer kleinen Siedlung eine asphaltierte Nebenfahrbahn, die sich entlang der Autobahn durch das Gebirge windet.

Für ein paar Kilometer kann ich auf diesen Straßen mental entspannen und gemütlich radeln, ohne auf Verkehr, Radkappen oder verendete Tiere am Rande der Autobahn achten zu müssen. Allerdings liegt die Nebenfahrbahn teilweise einige Dutzend Meter abseits der Autobahn, sodass die Straße Hügel hinauf- und wieder hinabführt. Spätestens mit der nächsten Autobahnauffahrt hört die Nebenfahrbahn einfach auf und das Spiel beginnt von Neuem.

Am frühen Nachmittag liegen bereits 100 Kilometer hinter mir und ich stoppe in dem Dorf Clinton, nur 25 Kilometer östlich von Missoula. Einiges erinnert den Besucher hier daran, dass moderne Gesellschaften dieses Gebiet erst vor zweihundert Jahren erschlossen haben. Der Bach namens „Hungertod" beispielsweise mündet in den Fluss „Clark Fork" (Clark Abzweigung) – Clark war der Führer einer Expedition in dieses Gebiet. Die französischen Pelzjäger nannten das schmale Tal zwischen Missoula und Clinton „Porte de l'Enfer" (Tor zur Hölle), da nach zahlreichen Hinterhalten durch Indianer hier viele menschliche Skelette lagen. Zwar kommt es mir bei meinem Kalorienbedarf alle zwei Stunden so vor, als ob mich selbst der Hungertod ereilt. Dennoch hat es die Zivilisation weit gebracht, wenn ich auf zwei schmalen Gummireifen durch den Kontinent und „das Tor zur Hölle" radeln kann. Außerdem bietet der Supermarkt in Clinton alles, was mein Herz begehrt.

Als ich vor dem Supermarkt auf dem Gehweg sitze und gerade die letzten Reste aus einem 500 ml großen Becher Eis löffele, halten zwei weitere Fahrradfahrer beim Supermarkt. Das Paar hat kein Gepäck dabei, sie machen wohl nur eine Spritztour. Die zwei sind beide Ende 50, machen aber einen topfitten Eindruck und lächeln freundlich, als sie mich sehen.

„Du bist wohl schon länger unterwegs?", fragt mich die Frau.

Ich bestätige ihr, dass ich bereits 40 Tage unterwegs bin und wir kommen ins Gespräch. Das Paar ist gerade erst aus Alaska zurück nach Missoula gezogen, wo die Frau aufgewachsen ist. Die Beiden erkunden jetzt ihre neue und alte Umgebung mit ihren Fahrrädern. Bald kommt die Frage, auf die ich insgeheim gehofft habe:

„Wenn du in Missoula einen Tag Pause machen möchtest, wo übernachtest du denn?"

Tatsächlich habe ich mich auf dem Portal Warmshowers angemeldet (auf der Plattform hatte Abe mit Blair Kontakt aufgenommen,) aber ich hatte in Missoula durch die kurzfristige Anfrage nur geringen Erfolg.

„Ich habe im Internet jemanden kennen gelernt, der mich vielleicht in seinem Garten zelten lässt", berichte ich ehrlich.

„Wir haben gerade ein großes Haus gekauft und unsere Söhne wohnen nicht mehr zuhause. Übernachte doch bei uns!"

Natürlich freue ich mich wahnsinnig, versuche aber redlich, höflich zu bleiben und mich nicht aufzudrängen.

„Das ist sehr nett, ich möchte aber wirklich keine Umstände machen. Zelten macht mir nichts aus." Glücklicherweise lächelt die Frau weiterhin. Vielleicht durchschaut sie, dass ich mir insgeheim schon vorstelle, mich auf der Matratze in ihrem Gästezimmer zu rekeln.

„Nein, im Gegenteil, wir würden uns sehr freuen!"

Zusammen mit Hugh und Caroline fahre ich dann herunter durch das Tor zur Hölle, in das Tal von Missoula und zu ihrem Haus am Rande der Stadt. Heute greifen keine Indianer an. Es ist also in allen Aspekten ein glücklicher Tag.

Umso leichter fällt es mir, meine Familie anzurufen. Ich erzähle meinen Eltern gleich davon, dass das unheimlich liebe Ehepaar mich für zwei Nächte aufnimmt.

„Richte Hugh und Caroline ja einen herzlichen Dank von mir aus!", fordert mich meine Mutter in einem freundlichen Ton auf. Obwohl ich nun seit sechs Wochen unterwegs bin, freuen sich meine Eltern über jede Nacht, in der ich nicht in der Wildnis zelte. Trotzdem überwiegt bei meiner Familie spätestens seit Rapid City der Stolz über meine Leistungen. Von meiner Begegnung mit dem Schwarzbären erfahren sie allerdings erst, als ich wieder in Deutschland bin.

Tag 40 - Missoula, Montana (4.705 km.)

Missoula ist eine sympathische Stadt. Durch die Stadt schlängelt sich der Clark Fork Fluss und Bergketten begrenzen die Vororte. In der Innenstadt laden Cafés, Grünanlagen und kleine Geschäfte zum Verweilen ein. In einer Buchhandlung findet gerade eine Lesung statt. Auffällig viele junge Leute gehen hier umher oder fahren mit dem Fahrrad auf der Straße, wo eine eigene Fahrradspur nach europäischem Model die Fahrräder von den Pickups trennt.

Am Abend spreche ich Caroline darauf an, wie charmant mir Missoula erscheint. Sie lächelt und schaut über das Terrassengeländer hinüber zu einem Berg, der die Stadt am östlichen Ende begrenzt. Am Hang prangt ein großes „M" über der Stadt, das für die University of Montana steht.

„Missoula ist vor allem eine Uni-Stadt. Daher kommen viele junge Leute her. Das hat die Stadt geformt, das macht sie so sympathisch", erklärt mir Caroline.

„Die Leute hier sind freundlich, aufgeschlossen und gebildet. Es wird auch viel für die Einwohner gemacht. Am Fluss finden öfters Konzerte statt."

Dann holt Caroline Luft, hält kurz inne und schaut mir in die Augen.

„Missoula ist eine kleine blaue Oase in einem großen roten Bundesstaat. Einem sehr roten."

Die Farbensymbolik ist eine Anspielung darauf, dass die Menschen in Missoula politisch den Demokraten näher stehen, obwohl Montana als Bundesstaat insgesamt fest in der Hand der Republikaner ist. Bemerkenswert ist, dass Caroline nicht alle Eigenschaften von Missoula gleichwertig aufzählt. Durch die kleine Pause und die Betonung wirkt es so, als ob Caroline die junge Dynamik, Bildung, Freundlichkeit und Offenheit der Stadt damit erklärt, dass die Stadt eine blaue, eine demokratische Enklave ist.

Später erzählt mir Caroline, die hier aufgewachsen ist, dass sie nach der Ausbildung zur OP-Assistentin nach Alaska gezogen ist, weil sie in der Stadt Anchorage Arbeit gefunden hat. Dort hat sie ihren Mann kennen gelernt und dort haben sie auch die Söhne großgezogen. Nun ist das Paar aufgrund Hughs Ruhestandes wieder nach Missoula gezogen, hier gefällt es ihnen am besten. Gerade weil Caroline – und wohl auch Hugh – sich weiter links im politischen Spektrum orientieren, sind sie wieder in die blaue Enklave Montanas gezogen und nicht in eine andere Stadt Montanas oder Alaskas. Treu dem Spruch „gleich und gleich gesellt sich gern" segregieren sich viele Menschen selbst. Linksorientierte junge Menschen aus dem ländlichen Montana zieht es nach Missoula und ihre konservativen Pendants bleiben auf dem Land. Journalist Bill Bishop und Soziologe Robert Cushing zeigen in ihrem Buch *The Big Sort* (Die große Sortierung), dass dieses Phänomen für die gesamten USA gilt.

Auch Historiker Colin Woodard, der die verschiedenen Nationen Amerikas identifiziert, greift dieses Argument auf. Denn wenn die ersten Siedler unterschiedliche Leitkulturen in den jeweiligen Kolonien gründeten, neue Einwanderer sich an diese Leitkulturen anpassten und später Selbstsegregation diese verstärkte, können sich klar abtrennbare Leitkulturen innerhalb Amerikas entwickeln. Genau dieses Bild zeichnet Woodard in seinem Buch *American Nations*. Die eine amerikanische Kultur gibt es laut Woodard nicht – es sind elf verschiedene Kulturen mit unterschiedlichen Werten, die die Regionen Amerikas (und Kanadas) verschieden stark prägen.

In Neuengland beispielsweise werden nach wie vor die Prinzipien von Egalität, Bildung, aber auch harter Arbeit hochgehalten. Diese „Yankee" Leitkultur, wie Woodard sie nennt, hat sich mit Siedlern aus Neuengland entlang der Großen Seen, über Chicago bis nach Minnesota ausgebreitet. Daher habe ich mich vielleicht bei meinen Gastfamilien in Chicago und Erie so wohl gefühlt. Die „Midland" Leitkultur, die von den toleranten Quäkern in Pennsylvania mitbegründet wurde, dehnte sich ebenfalls mit deutschen und englischen Einwanderern nach Westen aus. Offenheit und Nächstenliebe zeichnen diese Kultur aus. Eben diese Werte Pennsylvanias äußern sich in der Großstadt Philadelphia, der Stadt der brüderlichen Liebe, genauso wie in Iowa. Dort in Iowa bin ich bisher den herzlichsten

Menschen auf meiner Tour begegnet.

Selbst die „Far West" Leitkultur, die Woodard beschreibt, erkenne ich retrospektiv in meinen Gesprächen mit Blair und David. Genauso wie David bei einer Ölfirma sein Brot verdient, waren auch die ersten Bewohner des weit entfernten Westens abhängig von Großkonzernen wie den Eisenbahnunternehmen. Dementsprechend freiheitsorientiert sind nun die politischen Einstellungen von David und den Menschen Wyomings. Aus diesem Grund ist das T-Shirt mit dem Aufdruck „Das einzige was Obama anbohrt, ist dein Portemonnaie" gerade in Wyoming so beliebt.

Die Aufgliederung der amerikanischen Gesellschaft in verschiedene Nationen bedeutet auch, dass nicht alle Werte, die den USA zugeschrieben werden, tatsächlich auf alle Amerikaner zutreffen. Egalität beispielsweise gilt als einer der höchsten Werte in den USA. In Pennsylvania wurde das Prinzip tatsächlich gelebt und auch im puritanischen Neuengland war man ein gleichwertiges Gemeindemitglied, solange man sich in die religiöse Gemeinschaft einbrachte. In südlichen Kulturen existierte diese Ideologie nie. Wer nicht zu den aristokratischen Familien der Plantagenbesitzer gehörte, kam nie in den Genuss der hochgelobten amerikanischen Freiheit. Nach wie vor spielt Hierarchie im Süden eine viel größere Rolle als im Norden.

Gleiches gilt für das hohe Gut der amerikanischen Demokratie. Diese wurde beispielsweise in Neuengland aktiv in Gemeindeversammlungen gelebt. Tatsächlich aber wurde die so verehrte Verfassung der Vereinigten Staaten so formuliert, dass südliche Aristokraten die Möglichkeit hatten, ihre Macht zu festigen. Beispielsweise wird deshalb der Präsident der USA nicht direkt bestimmt, sondern durch Wahlmänner gewählt, die im Süden die einflussreichen Familien stellten. Parallel gaben in den westlichen Bundesstaaten die Konzerne die Position der Politiker vor.

Haben Europäer deshalb so unterschiedliche Bilder von den USA? Ebenso verstehe ich nun, warum ich persönlich viele Vorurteile der Deutschen gegenüber Amerika nicht nachvollziehen kann. Ich habe ja auch ausschließlich in Neuengland gewohnt, deren Kultur der heutigen europäischen ähnelt.

Tag 41 - Missoula, Montana (4.705 km.)

Südwestlich von Missoula beginnt der Lolo Pass. Um den letzten Gebirgszug der Rocky Mountains, die Bitterroot Range, zu überqueren, ist dieser Pass die einzige Alternative zu drei weiteren Tagen auf der Autobahn. Seit Beginn meiner Planung wusste ich, dass ich den Lolo Pass überwinden müsste und hatte dieses Stück als die potenziell schwierigste Stelle eingestuft. Denn zwischen der Kleinstadt Lolo in Montana und dem Dorf Kooskia in Idaho liegen 200 Kilometer Gebirge, Wald und Schwarzbärenhabitat. Zwar sind auf Google Maps an der Straße des Passes zwei Siedlungen mit jeweils fünf Gebäuden zu sehen. Nach meiner Misere in dem Indianerreservat aber bin ich sehr skeptisch.

Beladen mit Lebensmitteln und besten Wünschen von Caroline und Hugh geht es früh morgens los. 45 Kilometer führt die Straße bergauf zum eigentlichen Pass. Ähnlich wie beim Sylvan Pass im Yellowstone Park erschweren mir Regen und Gegenwind die Auffahrt. Im Gegensatz zu meiner Auffahrt zum Yellowstone Park aber ist diese Auffahrt für mich weniger frustrierend. Meine Laune bleibt erstaunlich positiv und selbst meine Gespräche mit der Straße bleiben jugendfrei. Sechs Wochen auf dem Fahrrad trainieren nicht nur die physische, sondern auch die psychische Ausdauer.

Am Lolo Pass selbst kommt bei mir das erste Mal das Bewusstsein auf, dass sich die Fahrradtour langsam dem Ende zuneigt. Hier passiere ich das letzte Mal die Grenze zu einer neuen Zeitzone und zum vorletzten Mal die Grenze zu einem neuen Bundesstaat. Idaho liegt nun vor mir – oder zumindest ein schmaler Streifen davon. Die Fahrt in Idaho über den Lolo Pass in westliche Richtung ist sehr angenehm, denn die Straße folgt einem Fluss, der gleichmäßig bergab fließt. Somit kann ich die hochgewachsenen Nadelwälder und die Aussicht über die Berge genießen und gleichzeitig in flottem Tempo auf der Straße radeln. Auch ein Zeltplatz liegt genau auf der Hälfte der Strecke direkt am Fluss. Sicher gehört der Lolo Pass zu einer der schönsten Strecken auf meiner Tour.

Tag 42 - Lolo National Forest, Idaho (4.880 km.)

Der Tag verspricht ein spannender zu werden. Der Lochsa Fluss fließt immer weiter aus dem Bitterroot Gebirgszug heraus und führt die Straße ununterbrochen bis zu der 200 Kilometer entfernten Stadt Lewiston. Genau genommen sind es sogar 203 Kilometer und genau deshalb stehe ich heute früh morgens auf: Mich motivieren die idyllische Strecke, die Windstille und der warme Sonnenschein, heute weiter zu fahren als an keinem Tag zuvor. (Bisher liegt der Rekord bei 201 Kilometern.) Schnell packe ich das Zelt zusammen und schwinge mich nur mit einem Müsliriegel im Magen auf den Sattel.

Der sträfliche Umgang mit meinem Langschläfer- und Vielfraßkörper rächt sich schon zwanzig Minuten später mit voller Wucht. Geistesabwesend radele ich auf der kurvenreichen Straße dicht am Fahrbahnrand mit hohem Tempo. Der gleichmäßig strömende Fluss hat mich fest in den Bann gezogen und ich starre wie hypnotisiert nach links auf das Wasser. Plötzlich fängt mein Fahrrad an heftig zu rütteln. Ich bin rechts von der asphaltierten Straße abgedriftet. In Zeitlupe nehme ich wahr wie ich im Sand weiter von der abschüssigen Fahrbahn rutsche. Ich sehe wie die Steine und Felsen unterhalb der Straße langsam, aber unausweichlich auf mich zukommen. Die Zeit ist nun wie angehalten und mit aufsteigender Panik denke ich:

„Jeden Augenblick prallt mein Vorderrad gegen einen Felsen und ich fliege mit ungebremster Geschwindigkeit vom Fahrrad." So kommt es. In hohem Bogen schleudert mich der Aufprall durch die Luft. Mit voller Wucht lande ich auf dem steinigen Boden, verfehle aber glücklicherweise die größten Felsen. Der Aufschlag ist so heftig, dass ich keine Luft bekomme.

In meiner rechten Hüfte und meinem rechten Oberschenkel pocht der Schmerz. Als ich wieder Luft bekomme, hebe ich vorsichtig den Kopf und schaue an meinem Körper entlang. An der rechten Hüfte, Schulter, Oberschenkel und Ellenbogen habe ich Schürfwunden. Irgendetwas gebrochen? Ich versuche nacheinander Füße, Beine, Hände und Arme zu bewegen. Alle Gliedmaßen gehorchen. Ich lege den Kopf zurück auf den Asphalt und atme einmal tief ein. Bei meiner Geschwindigkeit hätte der Sturz auch sicherlich anders ausgehen können. Selbst das Fahrrad ist mit kleinen Blessuren davongekommen. Spätestens jetzt bin ich trotz fehlenden Kaffees hellwach.

Die Straße schlängelt sich weiterhin entlang des Flusses und durch kleine Siedlungen in den westlichen Ausläufern des Gebirges. Weit ab von größeren Städten wirken typische Tante-Emma-Läden angebracht, die alles verkaufen, was die Bewohner der jeweiligen Siedlung benötigen. Ein Tante-Emma-Laden, bzw. Tante-Emma Tankstelle überrascht mich allerdings doch mit einem äußerst umfangreichen Angebot. Auf einem Plakat steht: „Gas, Groceries & Guns", also Benzin, Lebensmittel und Schusswaffen. Als ich neugierig in das Gebäude eintrete, vermute ich zunächst eine kleine Vitrine mit Revolvern zwischen Lebensmittel Regalen. Doch Gewehre und Gemüse teilen sich den Laden gerecht. An der gesamten linken Wand hängen neben Jagdgewehren auch halbautomatische Sturmwaffen. Die Sammlung beeindruckt mich. Es ist immerhin auch der erste Waffenladen, den ich besuche.

Neugierig spreche ich den jungen Verkäufer an:

„Wie ist denn der Prozess, wenn ich so ein Sturmgewehr kaufen möchte?"

„Unsere Waffen können Sie meistens innerhalb von zwanzig Minuten mitnehmen. Die Wartezeit kommt etwas auf den Bundesstaat an, in dem sie wohnen. Kommen sie aus Idaho?", erklärt mir der Mann in lockerem Ton.

„Ich bin aus Rhode Island", erwidere ich. Etwas enttäuscht schaut der Mann kurz auf einen Zettel unter dem Tresen – wohl eine Liste mit den Bundesstaaten und deren Waffenrecht. Dann sagt er mir doch in freudigem Ton:

„Wenn sie Einwohner von Rhode Island sind, muss ich nur eine Agentur anrufen und denen Ihren Namen sagen. Ein paar Minuten später werden die hier zurückrufen und mir den Verkauf erlauben", erklärt mir der junge Verkäufer.

„Nehmen Sie sich ein Hot Dog auf's Haus. Das Telefonat geht ganz schnell. Danach können Sie eine Waffe kaufen", verspricht der Mann mit verkäuferischem Elan.

Heute aber möchte ich mir kein Sturmgewehr für etwa 1.000 Dollar kaufen. Ich müsste die Waffe schließlich beim Fahrradfahren immer auf dem Rücken tragen. Das wäre doch sehr umständlich. Ich begnüge mich mit einem Hot Dog, für das ich allerdings nun bezahlen muss.

Die Jagd nach den 200 Kilometern geht am Nachmittag weiter. Der Tag wird immer heißer und die flacher werdende Landschaft bietet immer weniger Schutz vor der prallen Sonne. Als am späten Nachmittag braune Hügel und gelbe Weizenfelder die grauen Berge und grünen Wälder ablösen, ist Lewiston nur noch 50 Kilometer entfernt. Plötzlich fängt mein Hinterrad an zu zischen. Ein zehntes Mal auf dieser Tour habe ich einen Platten. Dieses Mal ist aber kein Metall oder anderer Müll Schuld an dem Unglück, sondern eine Pflanze, die hier „Goat's Head" also übersetzt Ziegenkopf heißt. Die Pflanze bildet kleine Früchte mit Dornen, deren Form einem Ziegenkopf mit Hörnern ähnelt. Einer dieser reißzweckenartigen Dornen hat sich tief in meinen Gummischlauch gebohrt.

Gerade als ich mein Hinterrad abnehme, hält ein silberner Pick-up Wagen neben mir. Zwei Frauen sitzen darin. Nach kurzem Gespräch bieten sie mir an, mich in ein kleines Dorf etwas abseits der Straße zu fahren. Dort feiert die lokale evangelische Gemeinde ein Grillfest. Die Menschen dort würden mir etwas zu trinken und zu essen geben und ich könnte meinen Schlauch im Schatten wechseln. Ich zögere.

Die Worte protestantisch, evangelisch und lutheranisch werden zwar in Deutschland oft synonym verwendet, in Amerika hat der Protestantismus aber mehr Facetten als die Bibel Verse. Zunächst unterscheiden Amerikaner zwischen sogenannten Denominationen, die als Kategorie im weitesten Sinne mit abgeschwächten Konfessionen vergleichbar sind. Diese Denominationen unterscheiden sich in Tradition, einigen Glaubensfragen wie dem Zeitpunkt der Taufe, aber vor allem in dem Ursprungsland der Anhänger. So stammen Baptisten, Episkopale und Quäker aus England, Presbyterianer aus Schottland, Methodisten aus England und Wales, Lutheraner aus Deutschland und Skandinavien. Neue protestantische Denominationen wie die Adventisten, die die Rückkehr Jesu Christi in den Vordergrund ihres Glaubens stellen, wurden später in Amerika neu erfunden.

Wohl um den deutschen Besucher zu verwirren, grenzen Amerikaner innerhalb einer Denomination Gemeinden mit den Adjektiven *evangelical* und *mainline* voneinander ab. *Mainline*, oder traditionsreich, bezeichnet solche Gemeinden einer Denomination, die direkte Wurzeln in den aus Europa eingeführten Religionen haben. Sie zeichnen sich heutzutage vor allem durch vergleichsweise weltoffene Doktrin aus, feiern Gottesdienste auch ökumenisch und arbeiten als Gemeinde an sozialen Problemen wie Armut und Alkoholismus. Sie ähneln heutigen europäischen Gemeinden. Ein deutscher Protestant würde sich also bei den *mainline* Lutheranern wohl fühlen. Im Gegensatz hierzu steht die *evangelical*, evangelikale, Strömung.

Diese evangelikalen Strömungen haben sich laut Colin Woodard vor allem aufgrund der Expansion Amerikas nach Westen herausgebildet. Weil es im Westen, weit abseits der Ostküste, weniger Pastoren und Gemeinden gab, mussten Gläubige improvisieren. Anstatt die Interpretation eines Pastors gepredigt zu bekommen, erkannten Gläubige buchstäbliche Bibeltexte als irrtumsfreies Wort Gottes an. Nicht durch eine Taufe in einer Gemeinde, sondern durch eine spirituelle Wiedergeburt, eine persönliche Erfahrung, wird man zu einem Christen. Ein Mensch kann diese Erleuchtung in jedem Alter erfahren. Auf diesem Weg wurden evangelikale Gemeinden einer Denomination besonders fundamentalistisch. In meinen vier Jahren in den USA habe ich also gelernt, *evangelicals* mit religiösen Fundamentalisten zu assoziieren, die wie beispielsweise in dem Dokumentarfilm „Jesus Camp" ersichtlich ihren Kindern beibringen, dass Evolution und Klimawandel Lügen des Teufels seien.

Allerdings bin ich mindestens so neugierig wie hungrig. Ich nehme das Angebot der Frauen in dem Pick-up Wagen an und lasse mich samt Fahrrad – ein Pick-up ist hier sehr praktisch – auf der Pritsche mitnehmen. Sie halten ihr Versprechen. Wenige Kilometer südlich der Hauptstraße erreichen wir ein langes einstöckiges Bungalow-Haus am Rande einer kleinen Siedlung inmitten von weiten Weizenfeldern. Auf dem Rasen hinter dem Haus stehen einige Klappbänke und -tische. Etwa vierzig Menschen laufen munter umher, essen oder unterhalten sich angeregt. In wenigen Augenblicken hat mich die Fahrerin einigen sehr netten Leuten vorgestellt. Im Nu haben diese mir Getränke und Schweinebraten in die Hand gedrückt. Ein etwa 60-jähriger Mann namens Nils, der mit einer Glatze und schwarzer Hornbrille in der Menge auffällt, ist besonders freundlich zu mir und nimmt mich unter seine Fittiche. Er ist der Organist in der Kirche und hat anscheinend auch leitende Funktionen in der Gemeinde. Er erklärt mir auch, dass die Gläubigen hier *evangelical Lutherans* seien – also fundamentalistische, wieder geborene Lutheraner. Und tatsächlich stammen die meisten Leute aus dieser Gegend von Deutschen ab. Das benachbarte Dorf heißt sogar *German Settlement*, deutsche Siedlung. Zwei Familien an meinem Tisch können sogar Großmütter hervorbringen, die ihre letzten deutschen Sätze an mir üben.

Außerdem komme ich mit Adam ins Gespräch. Er ist wohl auch Anfang zwanzig und ist der Assistenzpastor der Gemeinde. Auf meine Frage, wie er sich entschieden habe, Pastor zu werden, antwortet er mir folgendermaßen:

„Ich habe das an der Uni erkannt. Es war eine richtige Berufung. Ich habe Gottes Wort gehört, der mir den Weg zu meiner Bestimmung gezeigt hat." Damit schildert Adam mir wohl nicht nur seine Entscheidung, Pastor zu werden, sondern wohl auch wie er spirituell „wiedergeboren" wurde. Er wirkt dabei völlig überzeugt. Adam schaut mit eindringlichen Augen in die meine. Zwar steigen auch in den USA die Zahlen der Atheisten und Agnostiker, aber Adams Beispiel belegt auch den Trend, dass Zahlen von evangelikalen Protestanten stabil sind. Auch kleine Gemeinden wie diese haben eine Zukunft.

Ebenso bemerkenswert finde ich die höfliche Freundlichkeit der streng religiösen Menschen hier. Sie bieten mir zu essen und zu trinken an und unterhalten sich mit mir über meine Fahrradtour, ihre Gemeinde und buchstäblich Gott und die Welt. Nachdem sie neugierig fragen, ob ich Mitglied einer Kirche sei – ich verneine –, stellen sie mir keinerlei weitere Fragen zu meinem Glauben oder dessen Abwesenheit. Nils lädt mich sogar ein, in seinem Haus zu übernachten. Positiv überrascht von meiner Erfahrung in der Gemeinde willige ich gerne an. Mittlerweile ist es auch schon fast sechs Uhr abends und mein Fahrradreifen ist so platt wie vor zwei Stunden.

Auf der Fahrt zu seinem Haus erzählt mir Nils mehr von sich. Er hat Politikwissenschaften studiert, hat kurz als Lehrer gearbeitet und lebt nun von der Verwaltung seines landwirtschaftlichen Betriebes. Allerdings übernehmen seine Mitarbeiter die körperliche Arbeit. Sein Haus ist gemütlich und geräumig und hat eine wunderschöne Holzveranda mit Blick über die weiten goldenen Weizenfelder.

Ich lasse mich in einen Stuhl auf der Veranda fallen und beginne damit, den kaputten Schlauch zu flicken und einen neuen in den Mantel zu legen. Nils setzt sich bald zu mir. Ich spreche ihn auf die schwierigen Fragen an, die mich mindestens seit heute beschäftigen. Es ist kein Geheimnis, dass streng religiöse Christen mit enormer Mehrheit die Republikanische Partei unterstützen. Journalisten sprechen gerne von der *religious right*, der religiösen Rechten. Sowohl die Republikaner als auch die religiösen Rechten wehren sich vehement gegen eine universelle Krankenversicherung oder gegen bessere Umverteilung von Reichtümern in der Gesellschaft. Beide Maßnahmen würden aber besonders bedürftigen Menschen helfen und Nächstenliebe steht ja doch auch buchstäblich in der

Bibel. Und darüber hinaus hat mir diese Gemeinde ja heute auch großzügige Nächstenliebe entgegengebracht. Warum übersetzt sich das nicht auch in eine Politik der Nächstenliebe, bzw. Solidarität für die gesamte amerikanische Gesellschaft?

Nils nickt ruhig mit seinem Kopf und hört mir aufmerksam zu. Er erkennt an, dass darin durchaus ein Konflikt besteht.

„Ja, ich verstehe, was du meinst", sagt Nils.

„Wie du dir sicherlich vorstellen kannst, sind die Leute hier politisch sehr konservativ. Ich glaube es hat vor allem damit zu tun, dass Leute andere Motive über ihre religiösen Werte stellen. Leider setzen die Menschen nicht immer konsequent um, was sie in den Predigten gelernt haben." Außerdem verkörpert vielleicht ein gestrandeter Fahrradfahrer, der vor dem Gemeindehaus steht, einen viel konkreteren Fall von Nächstenliebe als ein armer Mann in den Großstädten des Landes. Es ist eben auch die Größe und Vielfalt des Landes gepaart mit einem Misstrauen gegenüber Fremden, die es linksorientierter Politik schwierig macht.

Zumindest kann ich nachvollziehen, wie man diesen Konflikt aus rechtem Blinkwinkel betrachten kann. Einen zweiten Gegensatz kann ich aber bei bestem Willen nicht verstehen: Einerseits ist mir diese Gemeinde unheimlich lebensfroh entgegengetreten. Evangelikale stufen das Leben selbst als höchstes von Gott gegebenes Gut ein. (Sie sind ja aus diesem Grund auch vehemente Abtreibungsgegner.) Andererseits erlaubt mir dieselbe Gemeinde, an der Tankstelle ein halbautomatisches Sturmgewehr zu kaufen. Solche Gewehre werden einzig und alleine dafür hergestellt, viele Menschen gleichzeitig töten zu können. Wie passt das zusammen?

Ich stelle auch Nils die Frage. Er überlegt und nickt verständnisvoll.

„Ich sehe darin auch einen Gegensatz. Vielleicht besteht dieser Widerspruch immer noch, weil Menschen einfach nicht so viel darüber nachdenken. Leute hier arbeiten hart und gehen ihrem anstrengenden Alltag nach. Solche schwierigen Fragen kommen dann nicht auf."

Auch über einen letzten Grund unterhalten Nils und ich uns: Das Zweiparteiensystem in den USA limitiert die politische Wahl der Menschen ungemein. Angenommen die Christen möchten vor allem die gleichgeschlechtliche Ehe und Abtreibung verhindern. In diesem Fall müssen sie derzeit die Republikaner wählen – auch wenn die Evangelikalen die Republikanische Partei nicht primär wegen deren freiheitsorientierten Wirtschaftspolitik oder deren Unterstützung des Waffenbesitzes wählen. So wählt die religiöse Rechte die Wirtschaftspolitik der Republikaner, die maßgeblich zu der Einkommensungerechtigkeit beigetragen hat, wohlmöglich „im Schlepptau mit" – und nicht aus ideologischen Gründen. Weiße Evangelikale – stolze 26% der Wähler bei der Präsidentschaftswahl 2016 – haben zu 81% für Trump gestimmt, obwohl dieser persönlich höchstunchristliche Werte verkörpert. (Die dritte Ehefrau mit einer Pornodarstellerin zu betrügen und dann 130.000 Dollar Schweigegeld zu zahlen, wirkt auf den ersten Blick eher unchristlich.) Aber der Präsident bestimmt die Mitglieder des Verfassungsgerichts, das wiederum über Fragen wie Abtreibung entscheidet.

Der größte Widerspruch der USA besteht nicht darin, dass eine christliche Gesellschaft lockere Waffengesetze befürwortet. Er besteht für mich darin, dass eine so komplexe Gesellschaft sich selbst in einem Zweiparteiensystem regiert. Die Menschen der USA unterscheiden sich in ethnischer Herkunft, Sprache, gesellschaftlichen Werten, wirtschaftspolitischen Werten, Bildung, Beruf, Reichtum und natürlich Religion. Zwei Parteien alleine, die sich im Zuge der Konfliktausweitung in fast allen Bereichen unterscheiden, kann die amerikanische Gesellschaft nicht abbilden.

Die schwarze Regenfront zieht auf

Entlang des Lochsa Flusses durch die Bitterroot Bergkette

Ausblick über Lewiston, Idaho

Woche 7

Endspurt in Gefahr
(736 Kilometer)

Tag 43 - Peck, Idaho (5.073 km.)

Am nächsten Tag verlasse ich die Gemeinde mit geflickten Schläuchen. Ich fahre weiter an der Stadt Lewiston vorbei und steuere geradewegs auf den letzten Bundesstaat meiner Reise zu – Washington. Nils hatte mich bereits gewarnt, dass nördlich von Lewiston eine besondere Prüfung auf mich wartet: Direkt am Rande der Stadt verbindet der Highway das tief liegende Flusstal mit dem darüber liegenden Plateau. Die Straße führt zehn Kilometer steil bergauf und steigt dabei eine Höhe von zwei Eiffeltürmen hinauf. Die Strecke ist so berüchtigt, dass hier jährlich für masochistische Fahrradfahrer ein Wettrennen den Hang hinauf stattfindet. Allerdings würde selbst der masochistischste Teilnehmer sicher keine 15 Kilogramm extra Gepäck mit sich schleppen. Außerdem strahlt die heiße Morgensonne heute erbarmungslos auf die ungeschützten Serpentinen. Motivation und Masochismus haben mich aber fest im Griff.

Stehend trete ich kräftig in die Pedale und freue mich darüber, dass ich trotz Gepäcks gut vorankomme. Zwei Drittel des Hanges habe ich bereits überwunden. Noch einmal verlagere ich mit Schwung mein ganzes Körpergewicht auf die rechte Pedale. Plötzlich trete ich mit voller Kraft ins Leere und schmettere mit meinem Gesäß auf den Sattel. Die Pedale hat nach einem Ruck nachgegeben und bietet keinen Widerstand mehr. Ist die Kette gerissen? Nein, die Kette dreht sich sogar weiter. Dennoch fühlt es sich an, als ob ich rückwärts trete. Es passiert eben nichts. Am Rand der befahrenen Bundesstraße führe ich eine kleine Diagnose durch: Das Problem muss wohl an dem Freilaufkörper liegen. Dieser Teil der Hinterachse ermöglicht es, die Drehung der Kette nur in eine Richtung auf das Hinterrad zu übertragen. Um dieses Teil zu reparieren, besitze ich aber weder das Werkzeug noch das mechanische Knowhow. Das erste wirklich besorgniserregende Problem mit meinem Fahrrad ereilt mich wenige Kilometer vor dem letzten Bundesstaat. Nach vorsichtigem Rütteln an den Pedalen rastet der Freilaufkörper dann doch wieder ein. Vorsichtig fahre ich weiter.

Sobald ich aber kurz aufhöre zu treten, löst sich der Freilaufkörper wieder und ich trete erneut ins Leere. Einige Male muss ich absteigen und vorsichtig die Pedale in beide Richtungen drehen, damit das Gerät wieder einrastet. Das Plateau habe ich fast erreicht. Den Hang jetzt wieder hinunterzufahren, um an einem Sonntag vor der verschlossenen Tür eines Mechanikers in Lewiston zu stehen, ist keine Option. Es gibt nur eine simpel klingende Lösung: Ich darf einfach nicht aufhören, in die Pedale zu treten. Es sind nur noch wenige Kilometer bis zur Staatsgrenze von Washington und nur noch vierzig Kilometer bis nach Pullman. Dort erwartet mich eine gute Freundin, bei der ich übernachten kann. Irgendwie muss es gehen. Es gelingt immer wieder, knapp fünf Kilometer zu fahren, bevor der Freilaufkörper nachgibt. Außerdem erwartet mich auf dem Plateau ein Meer aus Weizenfeldern. Soweit das Auge reicht erstrecken sich die gelb-ocker-farbigen Felder. Auch diese Landschaft bietet bei heißen 32 Grad Celsius keinerlei Schatten. Die Einfahrt in den letzten Bundesstaat lässt sich so nicht zelebrieren.

Tag 44 - Pullman, Washington (5.175 km.)

Am nächsten Morgen bestätigt ein Mechaniker in Pullman meine Befürchtung: Der Freilaufkörper muss ausgetauscht werden. Das Ersatzteil würde allerdings erst in vier Tagen Pullman erreichen und alleine für die Reparaturarbeiten veranschlagt der Mann mir mindestens 80 US-Dollar. Zwar liege ich gut im Zeitplan und könnte die vier Tage Leerlauf verkraften, aber ich würde die Tage viel lieber in Seattle verbringen als hier in Pullman. Aber Moment: Ich habe doch eine Garantie für das Fahrrad! Erst vor wenigen Monaten habe ich das gute Stück bekommen und die Garantie gilt ein Jahr. Natürlich habe ich den Drahtesel in Providence gekauft – allerdings bei einer großen Kette für Sportartikel. Meine Gastgeberin vermutet, dass sich auch in der Großstadt Spokane, 130 Kilometer nördlich von Pullman, ein Ableger dieser Kette befindet. Und tatsächlich! Das allwissende Internet gibt meiner Bekannten recht. Der Schaden müsste eigentlich unter die Garantie fallen und sicherlich hat die Werkstatt, die in jede Filiale integriert ist, das benötigte Ersatzteil vorrätig. Ein Umweg über Spokane erscheint mir nun als die beste Option. Jetzt geht es doch schnell: Um noch am selben Tag in Spokane anzukommen, mache ich mich sofort auf den Weg.

Nach zehn Kilometern zurück in der heißen Weizenwüste tritt aus heiterem Himmel noch ein Problem mit dem Fahrrad auf. Beim Wechseln der Gänge fühle ich zunächst einen eigenartigen Widerstand im Schalthebel. Dann gibt der Schalthebel plötzlich ganz nach und ich höre ein metallisches Schnalzgeräusch. Der Draht der Schaltung ist gerissen. Nach 5000 Kilometern durch die USA fällt mein Fahrrad im letzten Bundesstaat auseinander. Ich bin so wütend, dass ich das erste Mal mein Fahrrad in den Graben schmeiße. Jeden dritten Tag habe ich mein Fahrrad gewartet und trotzdem gehen nun kurz nacheinander wichtige Teile kaputt!

Letztendlich hole ich das Fahrrad aus dem Graben heraus. Ich entschuldige mich sogar bei dem Rad – ich rede mittlerweile sowohl mit der Straße als auch mit dem Fahrrad. Nun bleiben mir aber nur noch zwei Gänge und wegen des defekten Freilaufkörpers kann ich immer noch nicht aufhören zu treten. Das macht die Fahrt deutlich anstrengender als sie sein sollte. Zumindest komme ich dank des Zwangs, bei hohem Gang immer weiter zu treten, gut auf der Strecke nach Spokane voran. Von einigen Bodenwellen abgesehen ist die Landschaft des Columbia Plateaus außerdem flach und eine willkommene Abwechslung zu den Strecken in Wyoming und Montana. Nur die Weizenfelder wollen wie die Grassteppe in Nebraska kein Ende nehmen. Erst kurz vor Spokane wird die Landschaft wieder etwas felsiger und Nadelwälder wechseln sich mit Feldern ab.

Obwohl ich von Spokane vor einigen Wochen noch nie gehört hatte, ist die Stadt mit 213 Tausend Einwohnern die größte, die ich seit Chicago erreiche. (Des Moines hat allerdings mit 210 Tausend nur unmerklich weniger Einwohner.) Spokane hat noch zwei andere positive Überraschungen auf Lager: Erstens lerne ich den Studenten Sunil auf der

Plattform Warmshowers kennen, der mich für eine Nacht beherbergt. Sunil kommt aus Nepal und ist ein sehr fröhlicher, aber nachdenklicher Mensch. Er studiert in Spokane Betriebswirtschaft an der katholischen Universität. Zusammen mit seiner amerikanischen Freundin und einem weiteren Mitbewohner teilt er sich direkt auf dem Campus eine Studenten-WG. Dort darf ich umsonst auf einem Schlafsofa übernachten. Zweitens habe ich großes Glück in der Werkstatt des Sportladens. Kurz vor dem Ladenschluss um 21:00 Uhr schiebe ich mein Fahrrad durch die Tür. Zwar hat der Chefmechaniker schon Feierabend, aber die Angestellte stellt mir in Aussicht, dass das Team eventuell mein Fahrrad schon morgen reparieren kann. Anscheinend habe ich zweifaches Glück im zweifachen Unglück.

Tag 45 - Spokane, Washington (5.301 km.)

Ich kann fühlen wie die Muskeln sich erholen. Selbst an freien Tagen in Missoula oder Rapid City habe ich auf dem Sattel gesessen, um zum Supermarkt oder in die jeweilige Innenstadt zu fahren. Heute haben die Fahrradmuskeln komplett frei, denn das Fahrrad befindet sich in der Werkstatt. Gezwungenermaßen erkunde ich Spokane zu Fuß. Nachdem man jeden Tag ein bestimmtes Ziel verfolgt, genieße ich die Abwechslung, fast ziellos durch die Innenstadt zu schlendern. Ich komme beispielsweise an dem Bahnhof in Spokane vorbei. Neugierig trete ich in die menschenverlassene Halle hinein. Niemand wartet hier auf einen Zug, niemand führt die Geschäfte und niemand bewacht die Gleise. Auf der Anzeigetafel erkenne ich den Grund hierfür: Nur zwei Züge kommen täglich durch Spokane. Einer fährt nach Seattle, der andere fährt in die entgegengesetzte Richtung nach Chicago. Beide kommen sie spät in der Nacht durch Spokane.

Ich wusste, dass es auch diese Langstreckenverbindungen gibt. Dennoch wirkt es surreal, dass man hier einfach in einen Zug einsteigen und in Chicago wieder aussteigen kann. Für die Strecke habe ich vier Wochen gebraucht und meine Erinnerungen an Chicago verblassen langsam. Mich tröstet die Tatsache, dass auch die Zuggäste einiges an Sitzfleisch mitbringen müssen. Von Spokane aus sitzt ein Reisender nach Seattle acht Stunden und nach Chicago 36,5 Stunden auf dem Sessel. Wie angenehm es wäre, sich einfach in den Zug zu setzen und morgen in Seattle aufzuwachen. Mir gefällt die Vorstellung besser als ich mir selbst eingestehen möchte.

Am Abend treffe ich mich noch einmal mit Sunil und Amber zum Abendessen. Das ist zwar die fünfte große Mahlzeit, aber auch diese schmeckt mir immer noch sehr gut. Nachdem wir auch noch ein Eis essen und nun zum Verdauen durch den Park am Fluss gehen, schauen die beiden Gastgeber einander an und reden geheimnisvoll:

„Sollen wir Vincent den Sinn des Lebens zeigen?"

„Ja, das ist eine gute Idee. Er schafft es bestimmt ohne Probleme."

Dann fragt mich Sunil:

„Hast du Höhenangst?"

„Nein, hab ich nicht", antworte ich zögerlich auf die seltsame Frage.

„Und kannst du auch klettern?", fragt mich Sunil mit großen Augen und einem ahnungsvollen Lächeln.

„Kann ich tatsächlich." Sunil nickt zufrieden und schaut sich zu Amber um.

„Gehen wir zum Turm!"

Wir erreichen das große Theater- und Konzertgebäude am Fluss, in das sich um diese Abendstunden niemand verirrt. Als ich eine etwa acht Meter hohe Statue sehe, ahne ich, was für eine Mutprobe auf mich zukommt.

„Eigentlich heißt die Skulptur *Die Laterne*, aber wir nennen ihn den *Turm des Lebens*", weiht mich Sunil ein.

„Wenn du bis nach ganz oben kletterst, kannst du auf einer Plakette lesen, was der Sinn des Lebens ist."

Die Skulptur ist ein rechteckiger Turm aus zufällig in Kurven verlaufenden Balken aus Beton. Dabei entstehen in den Wänden viele Aussparungen, die sich zum Klettern gut eignen. Dennoch sieht die

Aktion nicht ganz ungefährlich aus. Als ob Sunil meine Gedanken lesen kann, sagt er mir:

„Man findet in den Löchern mit den Füßen guten Halt. Keine Sorge. Allerdings ist es verboten, auf der Skulptur zu klettern."

Lange überlege ich dann doch nicht mehr. Viele andere Situationen auf meiner Fahrradtour waren sicher gefährlicher.

„Ich bin dabei!"

Wegen des fehlenden Kletterseils bin ich etwas nervös, aber in der Tat klettern Sunil und ich in wenigen Minuten hinauf. Und tatsächlich ist ganz oben auf der Skulptur – und nur für Kletterer ersichtlich – eine Bronzeplatte angebracht, auf der in kursiven Buchstaben die Nachricht des Künstlers steht: „Transcend the bullshit" oder auf Deutsch „Überwinde den Schwachsinn". Sunil lächelt und weiß wohl, dass der humorvolle und trotzdem ernst gemeinte Spruch wohl nicht zu dem Sinn meines Lebens wird. Aber dennoch: Die Aufregungen bei Platten und technischen Problemen, Schotterpisten, Regen und Wind, Jagd nach Sehenswürdigkeiten, die Sehnsucht nach einem gemütlichen Bett – ist das nur Schwachsinn der Fahrradtour, den es zu überwinden gilt? Retrospektiv empfinde ich als viel bedeutsamer, die Menschen kennen zu lernen, sich jeden Tag körperlich und mental herauszufordern und sich lebendig zu fühlen.

Genauso wichtig ist der Spruch für meine Auseinandersetzung mit dem Land USA. Auch ich hatte bestimmte Vorstellungen von den verschiedenen Regionen in Amerika. Man muss sich offen und aktiv diesen Vorurteilen stellen, um diese Form von Schwachsinn zu überwinden. Von den Ghettos in Chicago, über Indianerreservate in South Dakota bis zu abgelegensten Flecken in Wyoming waren Menschen überall freundlich zu mir. (Selbst der New Yorker Farmer hat sich nach dem aufgeklärten Missverständnis als freundlich herausgestellt.) Der vermeintlich langweilige *flyover* State Iowa entpuppte sich als interessante und wahrscheinlich angenehmste Etappe der Tour.

Dort oben auf dem Turm, an der klaren kühlen Nachtluft fühle ich mich so lebendig wie auf dem Bergpfad in den Bighorn Mountains oder wie im Zelt im Yellowstone Park am Waldrand. Wenn es den einen Höhepunkt der Fahrradtour gibt, dann ist es wohlmöglich meine Zeit in Spokane. Der größte Teil der Tour liegt bereits hinter mir und auch mit dem neu erlangten Sinn des Lebens lässt sich bereits vieles verarbeiten und begreifen. In diesem Moment, in dieser ruhigen Nacht fühle ich mich sehr zufrieden.

Ich kann sogar am gleichen Abend mein Fahrrad wieder aus der Werkstatt abholen. Die Mechaniker haben großartige Arbeit geleistet: Der Freilaufkörper und die Gangschaltung sind repariert. Sogar gesäubert und geölt geben mir die Mechaniker das geliebte Fahrrad zurück. Am meisten freue ich mich darüber, dass alle Schäden unter meine Garantie fallen und ich keinen einzigen Cent bezahlen muss. Und eine letzte Überraschung hält Spokane für mich am nächsten Tag bereit.

Tag 46 - Spokane, Washington (5.301 km.)

Sunil hatte mir bereits davon erzählt, dass in der Innenstadt ein Musikvideo gedreht wird und mich ermutigt, noch einen Tag zu bleiben. Eigentlich hatte ich schon den ersten Tag in Spokane nicht geplant, aber Sunil hat überzeugende Argumente: Das Hip-Hop-Duo Macklemore& Ryan Lewis dreht das Video und die Produktionsfirma sucht noch Statisten. Amber überredet mich letztendlich, mit ihr in die Innenstadt zu gehen, anstatt mich zurück auf das Fahrrad zu schwingen. Treffpunkt für Statisten ist ein altes Theater direkt im Zentrum der Stadt. Und tatsächlich: Amber und ich werden mit hundert weiteren Leuten hereingelassen. Wir unterschrieben eine Verzichtserklärung und lassen uns die Handykameras abkleben. Und nachdem wir fünf Stunden in dem Theater ausharren, dürfen wir endlich hinter die Absperrungen in der Innenstadt und erfüllen unsere Aufgabe als Statisten. In einer großen nachgestellten Parade in der Schlussszene hüpfe ich ausgelassen mit hundert anderen Leuten herum.

Am Anfang der Tour hatte ich viele Vorstellungen davon, was in den folgenden Wochen passieren würde. In Macklemore's Musikvideo *Downtown* aufzutauchen, gehörte sicherlich nicht dazu. (Der große Durchbruch als Musikvideo-Star bleibt mir aber wohl verwehrt, denn lediglich mein Kopf lugt in der Menge für einen kurzen Moment hervor.) Spokane lag ursprünglich nicht einmal auf meiner Route. Selbst wenn dem so gewesen wäre, hätte ich hier keinen freien Tag eingelegt. Ich bin froh, dass ich mich auf den Zufall eingelassen habe. Denn diese zwei Tage bilden mit dem Turm des Lebens, meinem TV-Debut und einer Romanze vielleicht den Höhepunkt meiner Tour.

Ja, auch eine Romanze. Die fünf Stunden Wartezeit im Theater habe ich vor allem damit verbracht, eine junge Frau namens Beverly kennen zu lernen, die neben mir gesessen hat. Mir sind schon in der Warteschlange vor dem Theater ihre schulterlangen, kräftigen, braunen Haare und ihre dunklen Augenbrauen aufgefallen. Umso gespannter war ich, als sich die attraktive Frau neben mich gesetzt hat. Von den fünf Stunden Wartezeit haben wir uns dann erstaunlich lange einfach unterhalten. Beverly ist in Spokane aufgewachsen und macht gerade eine Ausbildung zur Krankenschwester. Außerdem jobbt sie in einem Supermarkt, um sich über Wasser zu halten. Sie komplementiert zwar meine sportlichen Leistungen, ich weiß aber, dass ihr schwerer Alltag mehr Kraft kosten muss als ein paar Wochen mit dem Fahrrad zu fahren. Und auch Beverly verbringt jede freie Minute an der frischen Luft. Oft geht sie mit Freunden in den Bergen wandern und klettern – es ist kein Wunder, dass sie nicht nur attraktiv, sondern auch topfit aussieht. Nach unserem Auftritt im Rampenlicht verbringen wir einen wundervollen Abend miteinander. Wir schlendern an dem Fluss, der im Mondlicht schimmert, und gehen danach für Drinks in das Barviertel.

Tag 47 - Spokane, Washington (5.301 km.)

Die Nacht ist lang geworden. Erst früh morgens bin ich zurück zu Sunils Studentenwohnheim gekommen. Dennoch fahre ich morgens wieder los, denn aus einem tiefen Bedürfnis heraus möchte ich unbedingt weiterfahren. Natürlich muss ich in den nächsten Tagen auch oft an Beverly denken. Menschliche und auch körperliche Nähe haben mir in den vergangenen Wochen gefehlt und wir haben wirklich eine romantische Nacht miteinander verbracht. Gleichzeitig schweifen meine Gedanken immer wieder zu Anya. Nachdem wir in Rapid City miteinander telefoniert hatten, haben wir uns in den folgenden Tagen häufiger Nachrichten geschrieben, aber nun habe ich bereits seit neun Tagen nichts mehr von ihr gehört. Seltsamerweise finde ich es besonders nach der Nacht in Spokane schade, dass Anya und ich uns nicht wiedersehen werden.

Die Sonne scheint auch heute mit voller Kraft und aus Spokane nehme ich viel positive Energie mit. Selbst der elfte Platten – der letzte der Tour – entwickelt sich bei guter Laune zu einer Gelegenheit, unter einem Sonnenschirm bei Starbucks einen Kaffee zu trinken.

Das sonnige Wetter im Sommer zeichnet diese Gegend aus. An der Vegetation fordert dieses heiße, trockene Klima seinen Tribut: Die vereinzelten Nadelholz-Waldstücke, typisch für die Gegend um Spokane, verschwinden wenige Kilometer hinter der Stadtgrenze. Grüne Felder mit Bohnen und anderem Gemüse weichen langen Weizenfeldern. Darauf folgt karge Prärie mit verdorrendem Gras und schließlich kapituliert auch das braune Gras gegenüber einem knochentrockenen Boden wie im Thunderbasin in Wyoming. Hier halten es nur noch kleine, runde Büsche wie in einer Steinwüste aus. Da ich von der Straße ein weites Areal überblicke, kann ich förmlich sehen, wie sich die Landschaft verändert. Denn auf dem flachen Columbia Plateau zwingen keine Berge die Straßen zu Kurven und keine Bodenwellen versperren die Sicht.

Ein großer Unterschied besteht aber zu dem Thunderbasin in Wyoming. In Washington schneidet sich nämlich der breite Columbia Fluss durch die ansonsten trockene Landschaft. Der Fluss fließt über hunderte Kilometer ein vergleichsweise steiles Gefälle hinab und reißt so Canyons in die Landschaft. Dadurch eignet er sich auch besonders gut für Staudämme. Alleine am Columbia Fluss befinden sich vierzehn Dämme.

Zusammen mit Anlagen an Nebenflüssen (wie dem historischen Staudamm am Spokane Fluss in der gleichnamigen Stadt) produzieren die Kraftwerke insgesamt 44% der hydroelektrischen Energie der gesamten USA.

Der Grand Caulee Damm, der größte dieser vierzehn Dämme liegt vor mir. Auf einem Zeltplatz direkt an dem langgezogenen Stausee schlage ich mein Lager auf. Trotz Panne habe ich sogar genug Zeit, in dem ruhigen Stausee zu baden, die Sonne zu genießen und den Damm zu erkunden. Der Staudamm beeindruckt mich sofort: Als ich näher an das Bauwerk fahre, wird mir klar, dass die Ruhe des Stausees täuscht. Denn von der Seite des Stausees ist nicht einsehbar, dass die Talsperre knapp 170 Meter in die Höhe ragt. Dabei liegt die wahre Kraft des Staudamms nicht einmal in seiner Größe. Vier hinter- und nebeneinander liegende Kraftwerke machen den Damm zu dem leistungsstärksten Kraftwerk Nordamerikas. Der viel bekanntere Hoover Damm bei Las Vegas ist zwar höher und der angrenzende Stausee fasst auch mehr Wasser, das Kraftwerk produziert aber nur ein Bruchteil der Elektrizität. Tatsächlich erzeugen nur eine Handvoll Staudämme in China und Südamerika mehr Strom als der Grand Caulee Damm. Dennoch hatte ich von dem Grand Caulee Damm vor einigen Tagen nicht einmal gehört. Dementsprechend niedrig waren meine Erwartungen und umso positiver überrascht bin ich. Von Mount Rushmore und dem Old Faithful Geysir war ich verhältnismäßig enttäuscht. Um diese Sehenswürdigkeiten hatte ich meine Route maßgeblich geplant, aber sie wurden hohen Erwartungen nicht gerecht. Natürlich möchte ich nichts auf meiner Tour missen, aber vielleicht hätte ich Erwartungen an manche Sehenswürdigkeiten nicht allzu hoch setzten sollen.

Tag 48 - Grand Coulee, Washington (5.441 km.)

Am nächsten Morgen fahre ich als erstes in die Stadt, die direkt an den Staudamm grenzt. In Anlehnung an den kraftvollen Staudamm heißt die Stadt Electric City, die neben einem großen Supermarkt aber nicht mehr

197

viel bietet. Umso schöner ist nun meine Fahrt von Electric City nach Coulee City. Auch diese Strecke hätte ich ohne den ungeplanten Umweg nach Spokane verpasst. Der glatte Asphalt der Straße entlang eines langen Sees bringen meine Endorphine zum Tanzen. Der Banks Lake südwestlich von Electric City dient ebenfalls als Reservoir für den Grand Coulee Damm und wurde aus einem gewaltigen Flussbett geschaffen. Dementsprechend ist der See mehr als vierzig Kilometer lang und nur etwa ein bis zwei Kilometer breit. Vierzig Meter hohe Schluchten aus dunkelbraunem Gestein begrenzen zudem den See auf beiden Seiten. Dessen Wasser glitzert bläulich-silber unter der strahlenden Sonne und hebt sich von den dunklen Schluchten ab. Es könnte eine Szene aus einem alten Karl May Film sein. Die Landschaft ist unheimlich malerisch, deren Lage aber mindestens genauso überraschend. Hätte man mir ein Foto von dem Banks Lake gezeigt, hätte ich darauf getippt, dass das Foto aus den südwestlichen Bundesstaaten Arizona oder New Mexico stammt – wenn überhaupt aus einem US-Bundesstaat. Allerdings bin ich in Washington, das ich mit der Pazifikküste, den grünen Cascades Bergen und regnerischen Szenen aus den Twilight Filmen in Verbindung bringe.

Der Eindruck wird jenseits von Coulee City noch prägnanter: Ich durchquere ein zweites riesiges Flussbett. Es ist mehrere Kilometer breit und im Gegensatz zum Banks See staubtrocken. Zwischen den gewaltigen Steinwänden, die von dem Fluss freigelegt wurden, befindet sich lediglich ein breiter Streifen Steppe. Nichts deutet darauf hin, welche Kräfte hier einmal einen Canyon ins Land geschnitten haben. Mir geht sogar das Wasser aus! Ein kräftiger Gegenwind verlangsamt meine Fahrt und während der schweißtreibenden Fahrt aus dem Flussbett hinaus und zurück auf das Plateau hinauf trinke ich meine letzten Schlucke Wasser. Zwei Fahrradtage vor Seattle und der angrenzenden Pazifikbucht kann ich kein Wasser finden.

Erst eineinhalb Stunden später kann ich bei einer Farm am Straßenrand meine Wasserflaschen auffüllen. Als ich meinen Durst stille und ich mich in Ruhe umsehe, entdecke ich schon die letzte große Prüfung am

Horizont. Geradeaus radele ich nun dem Cascades Gebirge entgegen, das als Streifen am Horizont immer höher wird. Am frühen Abend erreiche ich letztendlich die Stadt Wenatchee, meinem Lager für die Nacht. Hier trennt der Columbia River das gleichnamige Plateau von den Cascades, deren Ausläufer direkt hinter Wenatchee beginnen. Wieder gestatten mir Leute, denen ich mich auf der Website von Warmshowers vorgestellt hatte, bei ihnen zu übernachten. Die Gastgeberin zögert nicht, mich in ihrem Gästehaus übernachten zu lassen. Sie teilt mir ihre Adresse mit und schreibt, sie würde einfach die Tür zum Gästehaus offen lassen, da sie erst spät am Abend nach Hause kommt.

Im krassen Gegensatz zu dem Vertrauen der Gastgeberin steht das Fernsehprogramm, das viele Kanäle des Fernsehers im Gästehaus ausstrahlen. Irgendwo hat jemand seinen Vermieter erschossen und irgendwo in einer Großstadt hatte die Polizei ein Feuergefecht mit Kriminellen. Laut der Organisation Gun Violence Archive wurden 2015 in den USA 13,286 Menschen durch Schusswaffen getötet. Es gab 372 Massenschießereien, in denen vier oder mehr Personen getötet oder verletzt wurden. Das sind durchschnittlich 36 getötete Menschen und eine Massenschießerei am Tag. Irgendetwas scheint es immer in die abendlichen Nachrichten zu schaffen. Getreu dem Motto „If it bleeds it leads!" („Wenn es blutet, kommt es auf die Titelseite!") werden Nachrichten oft mit Beiträgen zu Schießereien spannender gemacht. Diese mediale Aufmerksamkeit hat große Folgen für die amerikanische Gesellschaft mahnt Soziologe David Glassner. Denn omnipräsente Gewalt in den Medien schürt Ängste. Natürlich müssen Nachrichtenprogramme die Menschen über alle wichtigen Ereignisse informieren, aber laut Glassner weichen die Medien – und insbesondere Fernsehkanäle – in zwei wichtigen Punkten von guter Berichterstattung ab:

Erstens schenken die Nachrichten Gewalt unverhältnismäßig viel Aufmerksamkeit. Trotz der großen Fülle an Nachrichten gelangt immer ein Mord oder eine Schießerei in die Sendungen. Besonders außergewöhnliche Gewalttaten erhalten darüber hinaus sehr lange ungeteilte Aufmerksamkeit. Als kurz vor dem Beginn meiner Fahrradtour zwei Insassen eines Hochsicherheitsgefängnisses im Bundesstaat New York ausgebrochen sind, haben diese für drei Wochen die Schlagzeilen der Nation als Geiseln genommen.

Zweitens stilisieren Reporter einzelne Ereignisse voreilig zu Trends. Glassner analysiert in seinem Buch *The Culture of Fear* die Berichterstattung von Gewalt im Straßenverkehr und Gewalt am Arbeitsplatz. In beiden Fällen haben Medien beispielsweise von einer „Welle der Gewalt am Arbeitsplatz" gesprochen und Trends suggeriert. Statistisch belegt werden konnten allerdings keine dieser sogenannten Trends. Im Gegenteil: Einzelne Anekdoten, die als Beweise für solche Geschehnisse dienten, waren sogar komplett falsch. Dennoch entwickelt die Bevölkerung Angst gegenüber Kollegen und anderen Verkehrsteilnehmen.

Die Resultate dieser Angst erzeugenden Berichterstattung sind enorm. Einerseits lenkt die fehlgeleitete Berichterstattung substanziell von viel wichtigeren Themen ab, die nicht so greifbar oder verständlich, aber mitunter wesentlich gefährlicher sind. An Herzerkrankungen beispielsweise sterben in den USA jährlich 610.000 Menschen. Der Filmemacher Michael Moore führt das Argument von Glassner weiter und erklärt damit eine Spirale der Gewalt und Bewaffnung in den USA. In seinem Oscar gekrönten Dokumentarfilm *Bowling for Columbine* macht Moore Medien dafür verantwortlich, dass US-Amerikaner – im Gegensatz zu ansonsten in Kultur ähnlichen Kanadiern – aus Angst vor Gewalt ihre Häuser stark absichern und selbst voreilig zur Waffe greifen.

Aber mich sollte der enorme Effekt der Medien auf die amerikanische Gesellschaft nicht überraschen: Die unheimlichen Weiten in Nebraska, South Dakota, Wyoming und Montana trennen die Menschen voneinander, machen sie abhängig von den Digitalmedien. Es ist kein Wunder, dass auch die politisch gefärbten Medien einen enormen Einfluss besitzen und extreme Internetforen Ladenbesitzer in Nebraska verrückt machen.

Tag 49 - Wenatchee, Washington (5.600 km.)

Eine letzte große Bewährungsprobe trennt mich von Seattle. Unbarmherzig ragt das Cascades Gebirge westlich von Wenatchee steil in die Höhe. Aber der Gebirgszug ist nicht nur steil, sondern auch beachtlich breit. Alleine bis zum Stevens Pass schlängelt sich der Highway 2 etwa 90 Kilometer tief in das Gebirge hinein. Die Straße führt 90 Kilometer bergauf. Würden Seattle und die Pazifikküste nicht auf der anderen Seite warten, sollte man sich diesen Anstieg nicht antun. Kurz hinter der Stadt Leavenworth, tief in den Bergen, begegne ich einer Gruppe von Männern, die eine Spritztour auf Rennrädern unternehmen. Sie mustern mich und meine Ausrüstung und schmunzeln, als ich sie nach der besten Route zum Stevens Pass frage.

„Die nächsten zwanzig Kilometer führt die 209 abseits des Highways die Berge hoch. Danach bleibt nur der Highway 2 übrig. Auf dem kann man aber nicht Fahrrad fahren", erklärt mir einer der freundlichen Männer.

„Kein Problem. Ich bin heute Morgen schon von Wenatchee nach Leavenworth auf dem Highway 2 hochgefahren", proklamiere ich.

„Und außerdem komme ich von der Ostküste", schiebe ich hochnäsig hinterher. Nun schmunzele ich. Ich bedanke mich für den Tipp mit der Straße 209 und schwinge mich wieder auf den Sattel. Als ich losfahre, murmelt einer der Männer seinen Freunden zu:

„Jetzt fühle ich mich wie ein Weichei."

Die sieben Monate Training und die 5.600 Kilometer Fahrt bis hierher – samt Bergetappen in den Rocky Mountains – haben mich abgehärtet. Natürlich verlangt mir auch dieser Anstieg meine ganze Kraft ab. Aber im Gegensatz zu den Bergetappen in Massachusetts und in South Dakota fällt es mir nun viel leichter, ausdauernd an der Belastungsgrenze meiner Muskeln zu bleiben. Dennoch erreiche ich erst am späten Nachmittag die Wolkendecke und den Stevens Pass. Durch den Höhenunterschied ist es hier deutlich kälter als in Wenatchee. Zudem fühlt sich die Luft auf der

Haut sehr nasskalt an, da der Taupunkt unterschritten ist und somit die Wolken hier Tau und Nebel abscheiden. Aber beim Blick auf die Warnschilder am Rande der Bundesstraße wird mir wieder warm ums Herz: LKW-Fahrer werden davor gewarnt, dass auf den nächsten elf Kilometern die Straße mit einer Neigung von 6% abfällt. Dass hier kein Schild für Fahrradfahrer steht, liegt sicher nicht an dem Mangel an Gefahr für Fahrradfahrer, sondern daran, dass sich bisher kein lebensmüder Fahrradfahrer hierher verirrt hat.

Ich donnere den Berg wieder hinab und den grauen Wolken entgegen, die neben der Fahrbahn die Berge hinaufkriechen. Von der Kälte, dem Fahrtwind und der Luftfeuchtigkeit werden zwar meine Finger, Nase und Ohren taub. Aber ich genieße die Fahrt durch die Wolken. War es nicht erst gestern, als mir zwischen kargen Steppen und heißen Canyons das Wasser ausging? Natürlich erklärt die Lage des Cascades Gebirges dieses Phänomen, denn die Bergkette verläuft parallel zur Pazifikküste von Norden nach Süden. Wolken werden vom Pazifik nach Osten über den Küstenstreifen geblasen, erreichen direkt hinter den Städten aber mit den hochragenden Cascades Bergen eine natürliche Barriere. Die Wolken werden an den Cascades hochgedrückt, kühlen sich ab und regnen sich im Westen der Berge aus. Den Osten der Berge und das Columbia Plateau erreicht kein Tropfen.

Als ich mein Zelt auf dem Money Creek Zeltplatz aufschlage, trage ich alle Kleidung, die ich bei mir trage. Fast ist es so, als ob meine Fahrt durch Washington einen Schnelldurchlauf meiner gesamten Tour abbildet. Zu Beginn meiner Fahrt in Washington bereiten mir Pannen wie um Buffalo arge Kopfschmerzen, ich schwitze und leide an Durst wie in South Dakota und Wyoming und nun friere ich wie im Yellowstone Nationalpark. Morgen endet aber nicht nur meine Fahrt durch Washington, sondern meine gesamte Tour durch die USA. Ein letztes Mal hänge ich meine Lenkertasche mit Lebensmitteln in den Bäumen auf, um keine Bären zum Picknick einzuladen. Ein letztes Mal spanne ich mein Zelt am Rande des Waldes auf – in Seattle habe ich bereits eine Gastfamilie gefunden. Ein klein bisschen Wehmut kommt auf. Aber wirklich nur ein klein bisschen, denn jede Faser meiner Beine schmerzt und die Erleichterung über ein zeitiges, gesundes Erreichen von Seattle ist immens.

Tag 50 - Skykomish, Washington (5.707 km.)

Früh morgens breche ich mein Zelt ab. Ich bin genauso unruhig aufgewacht wie ich geschlafen habe. Nach sieben Wochen schwebt das Ende der Tour wie ein Schatten über mir. Dabei ähnelt mein Tagesablauf zunächst noch jenem der anderen 49 Tage: Zuerst muss ich packen, dann zweimal frühstücken, Lebensmittel einkaufen, lange Fahrrad fahren und das Haus meiner Gastfamilie suchen.

Das zweite Frühstück kaufe ich mir an der Tankstelle in Gold Bar (Goldbarren), dem nächsten kleinen Ort. Mit meinem erstandenen Müsliriegel und Kaffee setze ich mich mangels Sitzgelegenheit wie gewohnt auf den Bürgersteig vor der Tankstelle. Just als ich mir an dem heißen Kaffee die Zunge verbrenne, fährt ein silberner Pick-up Wagen aus einem Stellplatz der Tankstelle fünf Meter von mir heraus. Der Wagen wendet kurz und bleibt quer neben mir stehen. Eine Frau lächelt mich durch ein offenes Fenster vom Beifahrer Sitz des Autos an.

„Von woher kommst du?", fragt die Frau direkt.

„Aus Providence, Rhode Island", antworte ich genauso knapp, weil mich die Frage überrascht und meine Zunge von dem Kaffee schmerzt.

Die Frau blickt mich einen Moment sprachlos an. Dann mustert sie das Fahrrad.

„Bist du damit von der Ostküste hierher gefahren?"

„Ja, das bin ich. Und heute ist der letzte Tag." Mittlerweile fühle ich mich nach anfänglicher Nüchternheit auch ein wenig stolz.

Hoffentlich glaubt mir die Frau auch. Schließlich hätte ich genauso gut eine Wochenendfahrt aus Seattle machen können.

Die Dame glaubt mir aber:

„Das ist ja wunderbar! Was hast du denn gelernt?" Die Frage überrumpelt mich, denn die Frage hat eine unheimliche Tragweite für diese ansonsten simple Unterhaltung.

„Autobahnen machen auch für Fahrradfahrer gute Rennstrecken." Nur dieser Witz fällt mir in meinem verdutzten Zustand ein, obwohl die Aussage stimmt.

Die Dame lacht, wünscht mir viel Glück und verabschiedet sich nett. Sie wirkt aber etwas enttäuscht von meiner Antwort – genauso wie ich.

Sicherlich hat die Frau gehofft, eine philosophische Weisheit von mir zu erfahren. Was habe ich denn gelernt?

Zunächst fallen mir Dinge ein, die direkt mit dem Fahrradfahren zu tun haben: Nach jedem Platten muss man gründlich nach winzigen spitzen Gegenständen im Mantel suchen. Gegenwind behindert die Fahrt mehr als Regen, die Fahrradhose muss unbedingt passgenau sitzen und Reibungscreme für den Hintern wirkt Wunder. Nicht überraschend ist die Fahrt alleine auch oft einsam und selbst seinen eigenen Gedanken zuzuhören ist ermüdend. Was für ein Verrückter in meinem Kopf wohnt! Insgesamt strengt die gesamte Fahrt über 50 Tage unheimlich an – und zwar nicht nur physisch, sondern auch mental, gar spirituell. Man lernt zwar schmerzende Beine, Rücken und Nacken zu tolerieren, aber in Kombination mit Pannen, Gegenwind und Regen zerreibt Schmerz die Motivation und verdunkelt die Gedanken. Viele anstrengende Tage hintereinander – wie in Wyoming – haben meine Motivation stark belastet.

Ein wichtiger Reifeprozess bestand für mich darin, dies als natürlich zu akzeptieren. Gegen diese physische und mentale Erschöpfung hilft nur der Glaube daran, dass auch bessere Tage folgen. Dieses Quäntchen Hoffnung, Motivation und Mut muss man erhalten und mit viel Süßigkeiten ernähren. Über den Erfolg entscheidet letztendlich nicht die Muskelmasse oder der rationale Verstand, sondern diese positive, kämpferische Geisteshaltung. So bezwingt man jeden Gebirgspass und jeden Gegenwind.

Auch von den Menschen habe ich viel gelernt. Wenn man ihren Geschichten aufmerksam zuhört und den sozialen Kontext berücksichtigt, erscheinen ihre Meinungen und Entscheidungen nicht nur logisch, sondern oft nachvollziehbar. Eine Wahrnehmung hat sich mit der Fahrradtour besonders gewandelt: In meinen vier Jahren in Neuengland habe ich gelernt, die USA in die Küstenregionen und das Land zwischen den Küsten aufzuteilen. Vor dem Sommer lagen zwischen Städten und ländlichen Regionen Welten. Die Gesellschaft ist tatsächlich sehr gespalten – aber nicht in zwei klar abgrenzbare Lager. Vielmehr setzt sich die amerikanische Gesellschaft aus einem unvorstellbar komplexen Mosaik zusammen. Zwei auseinander driftende Parteien legen einen roten und einen blauen Schleier über das Mosaik, die Vielfalt besteht aber weiterhin. Jeder vermag das Land anders interpretieren. Dies ist nach 5.777 Kilometern Fahrradfahrt und vier Jahren Studium meine Interpretation.

Am Nachmittag fahre ich endgültig in Seattle ein. Als ich den See Lake Washington erreiche, sehe ich den „Spaceneedle" Turm, das Wahrzeichen Seattles, das erste Mal mit eigenen Augen. Genau 50 Tage nachdem ich in Providence aufgebrochen bin und fünf Tage früher als geplant, erreiche ich den Discovery Park am westlichen Rand von Seattle. Als ich mich von hier aus bei meiner Familie melde, fällt allen ein Stein vom Herzen. Meine Eltern und Großmütter freuen sich unheimlich, dass ich unbeschadet mein Ziel erreicht habe. Selbst die Arbeitskollegen meiner Eltern erfahren sicher unweigerlich sofort davon. Auch alle Freunde gratulieren mir, als ich ein Bild von mir im Discovery Park bei Facebook veröffentliche.

Den Discovery Park hatte ich im Vorwege als Ende meiner Tour markiert. An der Spitze des Parks steht nämlich ein Leuchtturm direkt an der Bucht – eine symbolische Kulisse für das Ende der Tour. Euphorisch in die Luft springe ich nicht. Ich fühle eher eine tiefe Zufriedenheit und Erleichterung als überschwängliche Freude. Seattle ist nur ein kleiner Teil meines Erlebnisses. Vielleicht dämmert mir auch, dass nun einige Tage mit Planung und logistischen Aufgaben vor mir liegen. Denn nicht nur muss mein Fahrrad nach Deutschland, auch mein ganzer Besitz in Providence muss über den Atlantik. Außerdem buche ich meine Flüge um: Ich werde mit der gewonnenen Zeit Anya in Philadelphia besuchen, bevor ich meine Sachen in Providence packe und aus Boston abfliege. Wir sehen uns also doch noch einmal.

Außerdem wird mir bewusst, dass es noch unglaublich viel in diesem Land zu entdecken gibt. Gefahren bin ich von Küste zu Küste. Gesehen aber habe ich nur einen Streifen, der zwar 5.777 Kilometer lang, aber nur zwei Kilometer breit ist. Wie ich schnell lerne zeichnet die Menschen hier in Seattle wiederum etwas ganz Anderes aus als Menschen an der Ostküste. Den Süden mit seiner reichen Geschichte und den mexikanischen, französischen und karibischen Einflüssen habe ich auf dieser Fahrradtour gar nicht entdecken können. Auch Seattle ist also nur ein Zwischenstopp. Die Reise geht weiter.

Staubtrockene Canyons auf dem Columbia Plateau

Ende gut alles gut im Discovery Park von Seattle